AU ROY,
ET A NOSSEIGNEURS
de Son Conseil.

IRE

LES Recteur, Chancelier, et les Professeurs des quatre Facultés de l'Université de Bordeaux,

Remontrent tres-humblement a VOTRE MAJESTE', que l'Affaire soûmise à sa decision, interesse la Religion, l'Etat, & le Public. Les entreprises de la plus grande partie des Ordres Religieux qui sont à Bordeaux, en font tout le sujet ; elles tendent, SIRE, ces entreprises au renversement & de la vraye Religion, & des saines Maximes, elles ouvrent la porte aux nouveautez : Source ordinaire des Heresies, elles détruisent les prérogatives, & les fonctions le plus intimement attachées aux Universités.

Ce sont ces motifs importants, qui ont déterminé, SIRE, les plaintes que l'Université de Bordeaux a portées jusqu'au Thrône de V. M. ils ont seuls animé son zele, ils annoncent par avance combien sa cause est favorable.

Les deux Decrets qui ont soûlevé tous ces Ordres Religieux (si l'on en excepte les Feüillans & les PP. Jesuites, qui y ont applaudi) ont été dictés par les Loix, par les Ordonnances, & par plusieurs Arrêts du Conseil d'enhaut.

A

1,830

Le premier de ces Decrets fut rendu le 11. Mars 1721. il portoit 1° qu'aucunes Theses ne pourroient être foûtenuës *folemniter & publicè*, c'eft-à-dire, *apertis januis & externis invitatis*, foit dans les Colleges Academiques, foit dans les Monafteres, & autres lieux, fans avoir préalablement pris jour de l'Univerfité, qui feroit à cet effet invitée, & à laquelle on affigneroit des places convenables. 2° Qu'il n'y auroit point de Thefe imprimée fans l'Aprobation des Docteurs Regents de la Faculté. 3° On y déclara ne point empêcher que les Novices, ou autres Etudians dans les Communautés, fuffent éxercés fans ces formalités; pourvû toutes fois que cela fe fît fans Thefes imprimées, & à huis clos.

Ces précautions ne parurent pas encore affez grandes à l'Univerfité : toûjours attentive à ramener avec douceur la regle, & le bon ordre, elle rendit un deuxiéme Decret le 7. Decembre fuivant, qui ajoûta aux difpofitions de celui dont on vient de rendre compte, une claufe qui laiffoit le choix à ceux des Religieux qui avoient des Docteurs Regens dans leur Ordre, de foûmettre les Thefes qu'ils imprimeroient, ou foûtiendroient *folemniter & publicè*, à l'éxamen de ces mêmes DocteursRegens.

Ces deux Decrets prefentés au Parlement de Bordeaux, il n'y trouva rien qui ne fût très-fage; il les homologua par fon Arrêt du 7. Septembre 1721.

Les Peres Auguftins y formerent d'abord opofition; mais s'en étant départis auffi-tôt, & ayant confenti par Acte qu'elle demeurât pour non avenuë, il intervint un deuxiéme Arrêt le 9 du même mois de Septembre, qui en homologuant de nouveau ces Decrets, ordonna qu'ils feroient éxecutés tant par les Peres Auguftins, que generalement par tous les autres Religieux, & faifant droit fur les Conclufions du Procureur General, leur fit inhibitions & deffenfes de faire foûtenir publiquement aucunes Thefes imprimées, ou manufcrites, fans l'aprobation de l'Univerfité.

L'obéiffance & la fageffe des Peres Auguftins dans cette occafion, produifirent chez les autres Religieux un effet bien opofé à celui qu'on auroit dû en attendre; elles ranimerent en eux l'efprit d'independance, & de vanité; on vit tous ces humbles Solitaires fortir de leurs Cellules, faire entr'eux des affemblées, & choifir un Syndic pour former leur opofition à ces deux Arrêts. Ils renverfent fi on les en croit leurs droits, & poffeffion. Que n'ont-ils point mis en ufage pour être écoutez? follicitations, détours, artifices, rien n'a échapé à la vivacité de leur deffence. On fent combien cette réuffite leur étoit chere, d'elle dependoit la liberté de produire en public toutes leurs idées fur les points les plus auguftes de la Religion.

C'eft fur cette opofition qu'eft intervenu l'Arreft dont la caffation eft demandée, il l'a reçûë cette opofition, & a mis les Parties hors de Cour & de Procès fur la demande en homologation des deux Decrets de l'Univerfité.

Les Suplians ont cet avantage, SIRE, que leur demande en caffation a été définitivement prejugée dès fon introduction; à peine avoient-ils porté leurs plaintes à V. M. que les Religieux en furent informés; & comme ils font infiniment attentifs, & furveillans à ne rien perdre de tout ce qui peut flater leur ambition, ils noublierent rien pour empêcher que cette Requête ne fut reçûë; ils fournirent de leur côté leurs Memoires, ils répondirent à ceux des Suplians; enforte qu'il eft vray de dire que l'examen qui a précédé l'Arreft d'introduction, a été auffi exact & confommé, que pourroit être l'inſtruction qui ſe fait preſentement ſous les yeux de V. M.

Quelques nüages que les Religieux ayent voulu répandre dans cette affaire, ils n'ont pû voiler le danger manifeſte qu'il y auroit à laiſſer ſubſiſter l'Arreſt attaqué. Tout a parû grand, & important dans cette cauſe; auſſi V. M. en a-t'-elle voulu prendre connoiſſance par elle-même, elle l'a ainſi ordonné par l'Arreſt qu'elle a prononcé le 27 Juillet 1726. (a)

Les Religieux ont répondu à la Requête inſerée dans cet Arreſt; mais comment y ont-ils répondu? les invectives & les calomnies ont été leur plus forte deffenſe, ils n'ont obſervé ni modeſtie, ni ménagement. *Tyrans de la Doctrine, guides aveugles, Phariſiens, rougir de honte, anathêmes, maledictions*, ce ſont les épithêtes, & les menaces qu'ils adreſſent a ceux des Suplians, qu'ils devroient le plus menager & reſpecter. (b) La dureté de ces expreſſions, le ton monachal & enflé qui les accompagne, ne tiennent guere de la politeſſe du langage qui eſt en uſage aujourd'hui, & de la ſimplicité & moderation dont il ne faut jamais s'écarter, principalement lorſque c'eſt devant V. M. qu'on eſt admis à parler.

Mais ſi ces Religieux refuſent d'imiter les Saints Peres des premiers tems, dont l'humilité égaloit la ſcience, les Suplians ſuivront-ils cet exemple? Sortiront-ils des bornes qu'ils ſe ſont preſcrites dans la deffenſe de leur cauſe? non, SIRE, les Loix du Royaume preſentées avec force; mais ſans aigreur, ſeront les ſeules armes avec leſquelles ils combattront les prétentions de leurs adverſaires.

Les principaux points de la Requeſte à laquelle il s'agiſt de répondre, conſiſtent à pretendre que les décrets des Suplians ſont non-ſeulement contraires à leurs propres Statuts, à l'établiſſement des Univerſités, à la poſſeſſion des Religieux, au droit des Evêques, à la Juriſprudence des Arreſts; mais même qu'ils ſont inutiles, deſtitués de motifs, & qu'ils tirent à des conſequences dangereuſes.

La réfutation de toutes ces idées ne ſera pas difficile; elle dépendra de la preuve des cinq propoſitions ſuivantes.

La premiere; l'établiſſement des Univerſités, les Ordonnances, & les Loix du Royaume, les Statuts de l'Univerſité de Bordeaux, ont déterminé les Décrets qu'elle a decerné le 11 Mars, & le 7 Septembre 1721.

La deuxiéme; ces Ordonnances ſont aujourd'hui dans toute leur vigueur.

La troiſiéme; l'Arreſt du Conſeil d'enhaut rendu en faveur de l'Univerſité de Poitiers, doit être declaré commun avec l'Univerſité de Bordeaux.

La quatriéme; l'examen des Theſes ſoûmis aux Univerſités, n'a jamais pû bleſſer le Jugement des Evêques ſur la foy.

La cinquiéme; il y a un grand bien à eſperer de l'execution de ces Décrets, il y auroit un grand inconvenient à ne pas les executer.

Sous cet ordre & arrangement, on ramenera tous les diſcours vagues des Ordres Religieux, on reſoudra les differens ſophiſmes qu'ils ont propoſé, & on preſentera les veritables idées qu'on doit avoir de cette affaire.

Mais avant d'entrer dans l'explication de ces differentes propoſitions, qu'il ſoit permis, SIRE, aux Suplians d'obſerver à V. M. que le ſieur Avocat General qui porta la parole dans cette cauſe, conclût à l'execution de ces Décrets; il prouva que les Ordonnances, les Edits, les Declarations & les Arreſts du Conſeil avoient par avance decidé la queſtion dont il s'agiſſoit, il démontra que les Religieux ne pouvoient faire ſoûtenir publiquement des Theſes ſur la Doctrine dictée dans l'interieur de leurs

Cloîtres, sans les communiquer avant à l'Université, à la Jurisdiction de laquelle ils devenoient assujettis, dès qu'ils vouloient faire des Actes semblables à ceux qui se soûtiennent dans les Universitez, qui devoient par leur établissement veiller à ce qu'on n'enseignât publiquement d'autre Doctrine, que celle qu'on doit dicter dans les Ecoles publiques; il observa que differentes Theses, dont l'une fut soûtenuë chez les P P. Minimes, l'autre chez les P P. Cordeliers sur la grace, & l'autre chez les Benedictins, dans laquelle on avoit dit, *Christus pro omnibus non mortuus est.* Avoient reveillé l'Université pour la conservation de la pureté de la Doctrine; il ajoûta que l'Université en donnant ces Décrets avoit seulement suivi les Ordonnances, qui la rendoient responsable de toutes les propositions qui se trouveroient inserées dans les Theses; ce qui marquoit suffisamment la necessité & l'obligation de les lui communiquer avant de les faire Imprimer, il établit enfin que ces Décrets étoient necessaires pour le maintien des Libertés de l'Eglise Gallicane, & qu'il seroit très-dangereux d'en empêcher l'execution.

Les Religieux ne se sont deffendu de la sagesse, & de la solidité de ces motifs, qu'en se jettant dans toutes sortes d'inconsiderations. Ils ont d'abord affecté de l'étonnement d'une chose qui n'a rien, que de très ordinaire. On voit, disent-ils, dans le vû de l'Arrest attaqué, ce qui n'avoit jamais parû; un plaidoyer & des conclusions de la personne publique, contre le sentiment de laquelle l'Arrest a été rendu. De ce faux étonnement ils passent à la plus haute imprudence. Ils attaquent personnellement le deffenseur des Droits de V. M. il s'est livré, disent-ils, aux prejugés de la naissance & de l'éducation; son pere estoit Professeur dans l'Université, son frere l'est encore aujourd'hui, ç'en est assez; il a fermé les yeux à la Justice; il n'a envisagé que les Droits de l'Université, il est surprenant, continuënt-ils, qu'ils ayent obtenu gain de cause, ayant en tête un adversaire si redoutable. (*a*)

Ces raisonnemens qui tiennent bien moins de l'objection solide, que de la satyre, ne laisseront aucune sorte d'impression. Il n'est personne qui ne sçache que les Arrests rendus à l'audiance sur les questions qui interessent la Police generale & le public, contiennent ordinairement dans leur vû, les conclusions & les motifs de la personne publique; c'est un usage certain & autorisé par des Arrests de reglement qu'on observe dans tous les Parlemens. Les Suplians ont pû, tout comme ces Religieux le pouvoient, faire mettre dans le vû de l'Arrest les conclusions de l'Avocat General, & les motifs qui en faisoient le fondement; cette attention estoit düe à l'importance de l'affaire. On ne sçauroit raporter assez exactement tout ce qui a precedé le jugement d'une cause aussi interressante, & publique; & s'il est vrai comme ces Religieux le disent si hautement, que la seule prévention & un interest particulier ayent dicté les conclusions de cet Avocat General, pourquoi se plaignent-ils du soin qu'on a eu à en montrer les motifs; le parallele de cet Arrest & des conclusions leur déplairoit-il? ne donne-t'-il point un trop grand jour à l'injustice, & aux contraventions sensibles qui renversent l'Arrest?

Quant à la critique qu'ils addressent personnellement au sieur d'Albessard, quoiqu'il n'ait parlé dans cette affaire que comme dépositaire & deffenseur des Droits de V. M. elle est trop mauvaise, & en même tems trop injuste, pour estre goûtée de personne. Les rares talens qui ont éclaté dans ce Magistrat

trat pendant 22 années qu'il a esté Avocat General, & qui ne le distinguent pas moins dans la Charge de Président à Mortier, dont il est actuellement pourvû, n'auroient-ils point dû imposer à ces Religieux un peu plus de circonspection, & de retenuë ? présumera-t'on un seul moment que ce Magistrat n'ait point esté le maître de choisir, entre l'execution des Loix les plus respectables du Royaume, & les préjugez de la naissance, & de l'éducation, ausquels on ose avec tant d'indiscretion l'asservir.

Loin donc qu'on entende l'Université se deffendre d'un pareil reproche, on la verra au contraire s'en aplaudir, & en tirer sa plus grande gloire. Si on a dit d'elle qu'elle estoit célebre pour avoir formé, & produit de grands personnages, comment la surnommera-t'-on aujourd'hui que l'on voit sortir de son propre sein de ces hommes utiles, & recommandables à l'Etat? Cet éloge ne sera pas mis au nombre de ceux, qu'on peut regarder comme suspects; s'il a trouvé place ici, ce n'est que par le propre fait & l'aveu des Ordres Religieux. (a)

Ces observations ainsi faites, les Suplians viennent à l'examen des cinq propositions, qu'ils se flattent de démontrer.

PREMIERE PROPOSITION.

L'établissement des Universitez, les Ordonnances & les Loix du Royaume, les Statuts de l'Université de Bordeaux, ont déterminé les Décrets qu'elle a décerné les 11 Mars & 7 Septembre 1721.

De toutes les Universitez qui sont dans le Royaume, la premiere, & la plus ancienne est sans contredit celle de Paris; elle a eû pendant long-tems, le glorieux avantage, d'être seule l'arbitre de la Doctrine, le plus ferme apuy de la Religion, & des Loix de l'Etat. On l'a vûë maintenir avec un zele qui est consacré dans les siecles à venir, les Droits de la Couronne, les Libertez de l'Eglise Gallicanne, le pouvoir des Evêques, les fonctions des Curez, la primauté du Siége Apostolique, & l'Ordre Hiérarchique.

Modele des autres Universitez, que les Roys ont depuis érigées dans les grandes Provinces du Royaume, elle en est la source, l'origine & tout le principe : semblable à un grand fleuve, qui roulant avec majesté ses eaux salutaires, se divise & se reproduit en plusieurs canaux ; cette premiere Université du monde s'est trouvée accruë, & multipliée dans l'établissement de plusieurs Universitez ; qui en sont devenuës comme autant de membres : dignes filles d'une mere aussi celebre, elles concourent depuis plusieurs siecles avec elle, au maintien de l'unité de la foy, & à l'éloignement de tout ce qui pourroit porter quelque atteinte à la pureté de la Doctrine ; c'est la Police qui leur est confiée, c'est le principal droit, & devoir attaché à leurs fonctions, c'est ce même droit, S I R E, que l'Arrest attaqué enleve à vôtre Université de Bordeaux.

Les Universitez, on le sçait, sont les dépositaires de l'instruction uniforme que reçoivent les jeunes sujets d'un Etat; elles les guident dans le chemin de la vraye Religion, & dans la connoissance des saines Maximes du Royaume, elles impriment dans leur cœur des principes qui sont les mêmes, & absolument uniformes entr'eux ; de là cette unité de sentimens, & ce zele inviolable, qui réünis ensemble concourent à la conser-

B

(a) Fol. 7 recto de la Requeste presentée par les Religieux à Sa Majesté.
Idem fol. 5. recto & verso du Mémoire imprimé par les Religieux lors de la Plaidorie de la cause à Bordeaux, ils y disent en parlant de l'Université de Bordeaux.
. Mille foro dedit juvenes, bis mille S. natus.
Adjecit, numero purpureique togis.

vation des Droits de nos Roys, & de leur Couronne.

Cette inftruction uniforme s'étend fur deux points, qui font le fonde-ment de la Monarchie: la Religion, & la Juftice.

Ce fût dans ces vûës, que ceux qui jetterent les premiers fondemens de l'Univerfité de Paris, voulurent qu'elle fût compofée d'un certain nombre de fçavans, dont les uns s'apliqueroient à former les jeunes fujets deftinés à la Magiftrature, ou au Barreau, & les autres travailleroient à inftruire, & à cultiver ceux qui devoient être les Pafteurs des peuples, & leur prêcher la vraye Religion.

Cette économie, & cette Police furent religieufement obfervées; il ne fut permis qu'à ces feuls fçavans d'enfeigner en public, chacun la partie des fciences, qui leur étoit confiée. On trouve dans les anciennes pancartes de l'Univerfité de Paris, que les Peres Jacobins ayant voulu dès ce tems-là, dicter & rendre leur Doctrine publique, il leur fût fait deffenfes par Arreft du Parlement de lire ailleurs, que dans leurs Cloîtres, à huis clos. (a)

(a) Paquier liv. 3. p. 291. des recherches de la France.

L'Objet donc de nos Roys dans l'érection qu'ils ont faite fucceffivement de ces differentes Univerfités, a efté de faire regner la vraye Religion, & d'entretenir dans leur Royaume des fources de fcience, & de lumiere, dans lefquelles leurs fujets pourroient fe former, & puifer des deffenfes contre les ennemis de l'Eglife & de l'Etat.

Quelques recommandables que foient ces établiffemens, les Religieux n'ont pas craint de leur comparer, celui qu'ils attribuent à leurs Ecoles particulieres.

Objections que font les Ordres Religieux, pour fe fouftraire à l'execution des Loix preferites par les Roys, lorfqu'ils ont établi les Univerfitez.

Nos Roys ont, difent-ils, établi deux fortes d'Ecoles, également utiles à la Religion, & à l'Etat; des Ecoles publiques, ou des Univerfitez, & des Ecoles particulieres, qui fe tiennent dans les Convents pour l'inftruction des jeunes freres: ces Ecoles ont toûjours efté independantes les unes des autres. Il eft d'ufage qu'après un cours de Philofophie, & de Théologie, des Thefes fe foûtiennent dans les Monafteres, comme il eft d'ufage d'en foûtenir dans les Univerfitez; c'eft à quoi fe réduit le fentiment des Religieux fur ce point.

Quel fyfteme; quels principes; à combien de reflexions ne donnent-ils point lieu.

REPONSES. 1°. Eft-il bien vray que les Ecoles des Univerfitez, & celles des Convens ayent efté, & foient également utiles à la Religion, & même à l'Etat; Ce langage des ordres Religieux eft-il affez modefte? Si l'utilité de ces Ecoles eft égale, pourquoi plufieurs membres de ces Communautez ont-ils fait, & font-ils tous les jours tant de mouvemens, pour obtenir des chaires dans les Univerfitez?

2°. On n'a jamais difconvenu que cette indépendance, que les Religieux attribuent à leurs prétenduës Ecoles, ne peut avoir lieu, lorfqu'ils les renferment *intra Clauftra fua*; la liberté de faire leurs exercices dans l'interieur de leurs Cloîtres, leur refte toute entiere: fur ces fortes de fonctions l'Univerfité n'a point prétendu d'infpection, ni de fuperiorité; le propre texte de fon Décret en fournit une preuve bien claire. *Non obftabit tamen Academia*, y eft-il dit, *quin, non obfervatis præfatis legibus in domibus religiofis, regularibus, feu Monafteriis, novicii & alii ftudentes Religiofi inter privatos parietes informentur, & excolantur privatis exercitationibus, id modo fiat fine Thefibus, typis, mandatis; & claufis Jannis.* Que les Ecoles de ces Religieux demeurent suivant leur établiſſement, & comme ils en conviennent eux-mêmes dans leur Requeſte, des Ecoles particulieres, qu'ils ceſſent d'entreprendre de faire des actes, & des exercices publics ; leurs Ecoles feront alors indépendantes de l'Univerſité, elle les laiſſera dans la dépendance des Superieurs de leurs Monaſteres.

3°. Le parallele qu'on a fait entre l'uſage, où ſont les Univerſitez de faire ſoûtenir des Theſes après leur cours de Philoſophie, & de Théologie, & le prétendu uſage de faire également ſoûtenir des Theſes à la fin de chaque cours dans les Monaſteres ; eſt-il juſte ? on ſçait que l'uſage des Univerſitez eſt de leur inſtitution, il eſt fondé ſur les Bulles, & ſur les Patentes de leur établiſſement ; l'uſage duquel ces Religieux ſe flatent, eſt-il auſſi ancien que leur inſtitut ? eſt-il fondé ſur des Bulles, & des Patentes ? que de reflexions à faire ſur un pareil ſujet ?

On ne recevoit anciennement dans les Monaſteres des ſujets, que pour les exercer dans la vie chrétienne, dans la priere, & dans le travail des mains. Si cela eſtoit ainſi aujourd'hui, y verroit-on des cours de Philoſophie, & des cours d'une Théologie trop abſtraite, & plus qu'inutile, pour conduire les Religieux à la fin de leur inſtitut ?

Quand ces cours de Theologie, & enſuite ceux de Philoſophie ont eſté introduits dans les Monaſteres, il peut y avoir eû des exercices & des actes particuliers, qui ne paroiſſoient point au-dehors, & qui eſtoient renfermez dans les limites des Convens.

Mais depuis qu'un eſprit de vanité s'eſt introduit dans les Monaſteres, il a fait ajoûter à leur exercices particuliers des Actes publics, dont la celebrité s'eſt accruë peu à peu juſqu'à égaler, & même à ſurpaſſer celle des Actes des Univerſitez. Des Theſes manuſcrites, ils ont paſſé aux Theſes imprimées, ils ont enſuite orné ces Theſes, ils les ont répanduës dans le public ; les portes des Cloîtres ont eſté ouvertes, les plus grandes ſalles, celles mêmes deſtinées pour les Chapitres, les Egliſes ont eſté converties en Ecoles ; ainſi les Moines s'écartans inſenſiblement de la modeſtie religieuſe, ont perdu de vûë leur ancien eſtat, & ont oublié les motifs, qui les avoient conduits dans leurs Monaſteres.

Tel eſt l'uſage abuſif introduit depuis peu dans les Convens, ſur lequel les Religieux ſe fondent aujourd'hui, pour vouloir preſcrire contre le droit des Univerſitez, & nommément contre celui de l'Univerſité de Bordeaux.

C'eſt ce même uſage, SIRE, qui les a aveuglés juſqu'à oſer confondre leurs pretenduës Ecoles avec celles des Suplians, ſoit dans leur établiſſement, ſoit dans leur publicité, & prérogatives, ſoit dans leur utilité au bien de la Religion & de l'Etat.

C'eſt enfin l'uſage, ou plûtôt l'abus qu'ils reclament le plus aujourd'hui, Suite de la précédente Objection. & c'eſt en lui que ſemble reſider tout le ſalut de leur cauſe. Il avoit ſubſiſté, s'écrient-ils ? pendant près de trois ſiecles, l'Univerſité de Bordeaux s'eſt aviſée de le renverſer par ſes deux Décrets, dont le dernier n'a même eſté rendu que pour complaire aux PP. Jeſuites, il les rend independans parce qu'ils ont deux chaires dans l'Univerſité, il leur aſſujetit par là tous les autres Ordres, qui n'ont pas l'avantage d'avoir des Chaires ; & s'ils ſe ſont opoſés, continuënt-ils, à ces deux Décrets, ils ne l'ont fait que contraints par le ſcandale affreux qu'avoit cauſé leur execution dans le Convent des PP. Cordeliers.

 Comment s'est formé cet usage abusif ? de quelle maniere s'est-il insensiblement glissé dans les Monasteres ? on vient de l'expliquer. Que l'usage de faire, dans les Ecoles particulieres des Moines, des exercices particuliers ait pû subsister pendant près de trois siécles on n'entre point dans cet examen ; mais celui d'y faire des exercices publics & solemnels, est un usage nouveau, abusif, & de dangereuse consequence.

Le Décret de l'Université de Bordeaux, n'a aucun raport, on le repete, à ce qui se passe dans l'interieur du Cloître, il ne porte aucune sorte d'atteinte aux usages que les moines peuvent avoir à cette occasion, il concerne seulement les exercices, qui se font *solemniter & publicè.* Ce Décret n'est même que trop moderé. Quand l'Université se seroit oposée à ce que les Religieux ne pussent en aucune façon soûtenir publiquement des Theses imprimées, ni manuscrites, elle n'auroit fait que se conformer aux regles, & à ce qui se pratique dans le Royaume.

Quant à la complaisance que ces Ordres veulent que l'Université ait eu pour les PP. Jesuites, le seul esprit de jalousie leur aura fourni cette imagination. On en sera aisément persuadé, pour peu que l'on rapelle les dispositions de son Décret, le seul desir de ramener le bon ordre, sans inquieter aucun de ceux, ausquels ce bon ordre pouvoit s'adresser, l'a dicté. Il n'assujettit point aux Jesuites les autres Religieux ; puisque ces Ordres peuvent s'abstenir de faire soûtenir des Actes publics, & qu'au cas qu'ils les veüillent faire soûtenir, ils ont la liberté de soûmettre leurs Theses, à d'autres Professeurs de la Faculté de Theologie, qu'aux Jesuites.

Le scandale affreux, qu'ils disent que l'execution de ces Decrets a causé chez les Cordeliers, n'attirera également aucune attention. Quel peut avoir été ce trouble ? qu'elle en aura été la cause ? les Suplians l'ignorent absolument. Ce qui s'est passé dans ce Convent renferme quelque mystere monacal dans lequel ils n'ont jamais entré ; mais que ce soit simple querelle arrivée entre les Moines, que ce soit veritablement un scandale affreux, y en auroit-il eu ? Si le Gardien de ces Religieux avoit imité ou le Prieur des Feuillans, en ne faisant point soutenir de Theses publiques, & en faisant seulement des exercices particuliers, ou le Recteur des Jesuites, en permettant que les Theses publiques fussent examinées par un Docteur Regent de la Maison ; comme le Recteur des Jesuites permet que les Theses publiques qu'ils soutiennent dans leur College, soient examinées par les Jesuites, qui sont Docteurs-Regens de la Faculté, dont la These traite.

Qu'ajoûter à ces differentes observations ? la conviction qu'elles laissent à l'esprit de la sagesse de ses Decrets, & de leur conformité à l'établissement des Universitez, pourroit-elle être plus entiere ?

Mais ne sont-ils point également conformes à l'Ordonnance de Blois, & à celle de Louis XIII. c'est ce qu'on va examiner.

L'Article LXX. de l'Ordonnance de Blois s'explique dans ces termes: *Tous Professeurs, & Lecteurs des Lettres & Sciences tant divines que profanes, ne pourront lire en assemblée & multitude d'Auditeurs, sinon en lieu public ; & seront sujets au Recteur, Loix, Statuts & Coutumes des Universitez, où ils liront.*

 Si l'on s'en rapportoit à la façon de penser des Religieux, cet Article de l'Ordonnance ne les assujetiroit point aux Loix, Statuts & Reglemens des Universitez, il ne parleroit que de ceux qui enseignent dans les Universitez, verfitez ; ce ne feroit qu'à ces Profeffeurs & Lecteurs, que les défenfes de tenir des Ecoles particulieres feroient adreffées ; & loin de confondre les Maîtres des Ordres Religieux, avec les Profeffeurs foûmis aux Univerfitez, il ordonneroit aux Religieux conformément à l'Article XXV. de tenir des Ecoles particulieres dans leurs Convents.

Cet argument eft un fophifme dans toutes fes parties, il eft appuyé fur une reftriction mal imaginée, & fur une propofition abfolument fauffe. Les Religieux en ont affez dit pour déterminer V. M. non-feulement à faire des défenfes expreffes de foutenir chez eux des Actes publics & folemnels ; mais même à faire étudier leurs jeunes Freres dans les Ecoles de cette Univerfité.

Ce point de la caufe eft important ; pour le mettre dans tout le jour qu'il merite, il faut commencer par bien établir quelle étoit la Police du Royaume à l'égard des Ecoles qui y font autorifées, & le remede que l'Ordonnance de Blois voulut apporter aux abus qui s'y étoient introduits.

Avant cette Ordonnance il y avoit des Ecoles publiques,& des Ecoles particulieres ; ces Ecoles publiques ou Univerfitez font fondées fur des Bulles & fur des Patentes : les Privileges dont elles jouiffent font la fûreté de leur érection.

(a) Veritable explication de l'Ordonnance de Blois , fur la Queftion dont il s'agit.

Les Maîtres de ces Ecoles publiques ne pouvoient faire leur Profeffion, & leurs Lectures que dans un lieu public, & ils étoient immédiatement foumis aux Recteur, Loix & Statuts des Univerfitez.

Telle étoit la Police dans les Ecoles , tel étoit l'ordre qui devoit y être obfervé : mais quels abus y vit-on paroître dans le cours du XVI. Siécle, & quels remedes l'Ordonnance de Blois voulut-elle y apporter ? c'eft ce qu'il faut expliquer, pour bien comprendre les difpofitions qu'elle ren-ferme.

Des Profeffeurs publics imbus des erreurs,& des herefies de ce Siécle, voulurent prêter leur miniftere pour les repandre ; & comme les Recteurs des Univerfitez,& les autres Officiers prépofez fous eux, veilloient avec une vigilance incroyable à la confervation de la Doctrine Catholique ; ces Profeffeurs,& Lecteurs firent differentes tentatives fous des prétextes fpécieux , & en intereffant même les Puiffances, pour fe fouftraire aux Loix , Statuts, & Coutumes des Univerfitez, & en confequence à l'in-fpection de leur Recteur,& de leurs autres Officiers.

Evenemens qui donnerent lieu aux Articles XXV. & LXX. de l'Ordonnance de Blois.

Ces entreprifes,& ces projets n'ayant pû réuffir , ils tenoient dans d'au-tres Ecoles, que dans les Ecoles publiques, des affemblées où il y avoit multitude d'Auditeurs. *(a)*

(a) Tous ces faits font juftifiés dans le fixiéme tome de l'Hif-toire de l'Uni-verfité de Paris par du Boulay.

Les Precepteurs qui étoient dans les Monafteres, & Convents tom-berent dans un autre abus ; loin d'entreprendre de faire des Actes pu-blics & folemnels, on leur vit ceffer leurs fonctions, & exercices con-ventuels, ou ils s'en acquitterent avec une negligence auffi defavanta-geufe aux Monafteres, que s'ils les avoient entierement abandonnez.

On fçait dans quelle ignorance tomberent les Maifons Religieufes : écart fi dangereux, que l'Etat après avoir épuifé toute la feverité des Loix, pour les rappeller à leur Inftitut, reçut avec plaifir le fecours de quelques Religieux qui avoient confervé l'amour de la Regle, & qu'il les autorifa pour introduire la Reforme dans plufieurs de ces Maifons.

Il y avoit dèja longtems qu'on avoit obfervé que les Etudes des Moi-nes dans leurs Ecoles particulieres, étoient fujettes à un inconvenient plus dangereux à l'état, que ne pouvoit être ou la negligence, ou la cessation de ces Etudes dans leurs Convents & Monasteres.

Ceux qui sçavoient, & qui sçavent reflechir, sur tout quand ils sont imbus des bonnes maximes du Royaume si précieuses à l'état, n'avoient & n'ont pas de peine à s'apercevoir que ces maximes n'estoient & ne sont que très-alterées, & au moins affoiblies, pour ne pas dire contredites, & tout-à-fait éteintes dans ces Ecoles. Ils sçavoient, & ils sçavent que ces études ne formoient, & ne forment presque toûjours que des gens entêtez de leurs propres sentimens, présomptueux de leur sçavoir, & trop entreprenans ; parce qu'ils sont d'une part peu instruits de la capacité & du merite des autres, & que d'autre part ils se croyent au dessus du danger.

Ce fut, pour remedier à tous ces inconveniens, qu'il fut resolu que les Religieux de tous les Ordres, même ceux des Mandians seroient tenus d'étudier dans les Universitez. Les Etats de Blois en firent une Loi generale par leur Ordonnance de 1579. *Les Abbez, Convens, & Prieurs Conventuels*, porte l'Art. XXVI. de cet Ordonnance, *seront tenus d'entretenir aux Ecoles, & Universitez tel nombre de Religieux que le revenu de l'Abbaye, Prieuré, ou Convent pourra porter, à quoy sera employée la portion monachale des Etudians, & si elle n'est suffisante, sera parfournie par lesdits Abbez, Prieurs & Convents.*

De quelle importance ne seroit-il point de rappeller aujourd'huy ces sages dispositions ? le soulevement des Ordres Religieux à la vûe des Decrets des Supliants, annonce assez combien elles seroient utiles.

Renouveller, SIRE, ces Loix, ce seroit rappeller à l'ancien esprit de leur discipline, tous les Ordres Religieux, & toutes les Communautez qui veulent que leurs Sujets soient instruits des bonnes & saintes Lettres. Lorsque les Etats de Blois ont établi dans tout le Royaume cette même Police par une Loy qui n'a point été annulée, qui a été au contraire confirmée par les Ordonnances qui ont été rendues ensuite, ils n'ont fait que se conformer à l'ancien esprit, & aux saintes intentions des Chefs des Ordres Generaux, Abbez, Prieurs, & autres Superieurs de tous les Ordres Religieux, & mêmes des Ordres Mandians.

Les preuves autentiques de cette ancienne Police dans les Maisons Religieuses existent encore ; & la durée de plusieurs siécles n'a pû les effacer. elles sont, SIRE, sous les yeux de V. M. on voit dans votre Université de Paris les Colleges de ces differents Ordres, qui subsistent encore depuis quatre ou cinq siécles: ceux de Cluny, des Mathurins, de Grammont, des Prémontrez, de la Mercy, ceux des Jacobins, des Augustins, des Cordeliers, & des Carmes & autres ; on sçait que ces Colleges ont des revenus pour y entretenir des Etudians, & que les differentes Maisons Religieuses qui sont dans les Provinces, sont tenues de fournir certaines sommes pour leur entretien.

Ces observations conduisent à une intelligence parfaite des Articles XXV, & LXX. de l'Ordonnance de Blois. En effet on concevra aisément que l'Article XXV en ordonnant qu'il sera entretenu dans chaque Abbaye & Prieuré conventuel un Précepteur, pour instruire les Moines & Religieux, ne leur donne aucunes Ecoles, & qu'il ordonne seulement qu'il y aura un Précepteur, ou un bon & notable Personnage, pour instruire leurs jeunes Freres. Il paroît que cette instruction ne doit être que sur les bonnes, & saintes Lettres, & qu'elle ne doit con-

fifter qu'à former les Novices en mœurs, & difcipline Monaftique : Etude
bien éloignée de celle que les Moines ont introduit depuis ce tems dans
les Convents & Monafteres. On voit même que ce Precepteur qui doit
être entretenu, & ftipendié aux dépens de l'Abbé ou Prieur, eft un Etranger, qui a fait preuve de fa capacité, & qui en a quelque titre, & quelque
Grade : cette Police d'apeller des Maîtres Etrangers qui ne foient pas Religieux, fubfifte actuellement dans plufieurs Monafteres.

Croire que le mot de Precepteur contenu dans cet Article de l'Ordonnance difere de celui de Profeffeur, & Lecteur porté par l'Article LXX.
de la même Ordonnance, c'eft tomber dans une équivoque groffiere.

1°. Ces termes, *tous Profeffeurs & Lecteurs des Lettres & Sciences tant divines que profanes* dont fe fert l'Article LXX. font clairs, ils ne fouffrent ni
exception, ni reftriction, ils comprennent generalement tous ceux qui
lifent en affemblée d'Auditeurs; qui dit tout, n'exclut rien. Ce n'eft point
aux qualitez, & dénominations, que ceux qui font ces Lectures peuvent
prendre, que l'Ordonnance doit s'appliquer; mais feulement au genre
de leurs fonctions; s'il les font au dehors & en public, c'eft le cas prévû
par l'Ordonnance, alors ils deviennent fujets au Recteur, Loix, Statuts & Coutumes des Univerfitez, foit qu'ils foient dénommez Profeffeurs,
Lecteurs, & Precepteurs; tous ces termes étant dans ce cas fynonimes &
relatifs à une même chofe, qui eft à la publicité des Actes.

2°. L'Ordonnance de Blois parle dans l'Article XXV. & dans l'Article LXX. de ceux qui font des Lectures; dans le premier, qui eft le
XXV. elle les qualifie de Precepteurs, dans le fuivant, c'eft-à-dire dans
le LXX. elle les appelle Profeffeurs, & Lecteurs; c'eft certainement leur
apliquer indifferemment les noms de Proffeffeurs, de Lecteurs, & de Precepteurs; c'eft les comprendre également fous ces trois dominations : ces
deux Articles ne font qu'une difpofition par raport au terme, parce que
celle du dernier étant fubfequente & generale, elle eft relative à celle qui
la precede, & qui eft de la même efpece, *refertur ad præcedentia ejufdem
generis.*

3°. Enfin les termes de l'Art. XX. de l'Ordonnance d'Orleans diffipent
entierement cette mauvaife équivoque; ils portent, qu'*en chacun Monaftere
il fera entretenu, & ftipendié aux dépens de l'Abbé ou Prieur, un bon & notable
perfonnage, qui y enfeignera les bonnes & faintes Lettres.* On ne doutera jamais un
feul inftant que ce bon & notable perfonnage ne foit compris fous les
mots generiques *de Profeffeurs & Lecteurs,* mentionnez dans l'Ordonnance de Blois; on conviendra également, on le repete, que ces termes,
tous Profeffeurs & Lecteurs des Lettres & Sciences, tant divines que profanes,
englobent avec eux generalement tous ceux qui veulent lire en Affemblée d'Auditeurs, & en Public.

Si l'Art. LXX. fans comprendre tous ceux qui voudroient lire en lieu
public, & en affemblée d'Auditeurs, s'eftoit renfermé à affujettir les feuls

Profeffeurs, & Lecteurs qui lifent dans les Ecoles publiques des Univerfitez, aux Recteur & à fes Loix, fa difpofition n'eut-elle point efté abfolument inutile, & fuperfluë? faut-il une Loy, une Ordonnance pour faire
obferver les chofes qui font de droit; & qui parlent par elles-mêmes? con-
tefta-t'-on jamais que les Profeffeurs, Lecteurs, & Supofts ne fuffent fujets aux Univerfitez dont ils dépendent?

A ces reflexions il faut joindre un autre argument, qui eft encore bien folide. Les Religieux conviennent dans leur Requête que les deffenses portées par cet Art. LXX. leurs sont apliquables , s'ils veulent ériger leurs Ecoles,en Ecoles publiques : Or que ce soit là précisément leurs entreprises,& tout le grief des Suplians contr'eux, rien n'est aussi clair ; on prouvera par des pieces autentiques, & ces Religieux n'en disconviennent point,(a) qu'ils font imprimer des Theses, qu'ils y mettent des dédicaces, qu'ils les distribuent dans le Public , & qu'ils les soûtiennent dans leurs propres Eglisespubliquement,& en Assemblée d'Auditeurs , trouvera-t'on des marques plus certaines de publicité ? à de telles circonstances seroit-il possible de se méprendre ? les Eglises des Convens, où ils font soûtenir leurs Theses , ne representent-'elles point un lieu public,ouvert à tous les Fideles ? Y a-t'il une preuve plus sensible de publicité,& de solemnité,que l'impression des Theses , que l'invitation, la convocation des externes, & la multitude des Auditeurs?

Mais résumons ici les dispositions de cet Art. LXX. de l'Ordonnance de Blois, il porte 1°. Que les Professeurs,& Maîtres des Ecoles publiques des Universitez ne pourront faire leurs Lectures en assemblée , ou multitude d'Auditeurs,qu'en lieu public. 2°. Qu'ils feront soûmis aux Recteurs, Loix, Statuts & Coutumes de l'Université.

Ainsi cet Article comprend-t'-il les Maîtres des Ecoles des Moines ? les assujettit il aux Loix, Statuts & Coutumes des Universitez ? non sans doute, si toute la fonction de ces Maîtres se renferme à expliquer les bonnes & saintes Lettres, à former les Novices en mœurs, & discipline Monastique, & à ne point sortir de leurs exercices particuliers pour convoquer des Assemblées & multitude d'Auditeurs.

Mais si leurs exercices font publics,& les Actes qu'ils font soûtenir solemnels dans les Assemblées, où il y ait multitude d'Auditeurs. C'est le cas prévu par l'Ordonnance ; il est certain qu'alors ils deviennent soûmis aux Recteur, Loix, Statuts & Coutumes des Universitez, tout comme les Professeurs & Lecteurs dont parle l'Art. LXX. de l'Ordonnance.

  En vain ces Religieux cherchent-ils une derniere ressource dans l'Art. II. de l'Ordonnance d'Orleans, ils ne sçauroient persuader que cet Edit en ordonnant qu'ils entretiendroient un notable personnage dans leur Monastere,pour instruire les Novices , avoit entendu leur permettre de faire soûtenir des Theses en Assemblée & multitude d'Auditeurs.

  On a expliqué à quoi pouvoient s'étendre les fonctions de ce Precepteur, ou notable personnage ; elles ne peuvent sortir du fonds, & de la solitude du Cloître ; tout leur pouvoir est d'y expliquer les bonnes & saintes Lettres, & d'y former les Novices en mœurs, & discipline Monastique, ce qui se trouve conforme à l'Article XXV. de l'Ordonnance de Blois , qui n'autorise également l'entretien d'un Precepteur , que pour instruire les Moines, & Religieux.

  L'Ordonnance de Loüis XIII. de l'année 1629. renverse encore la prétention de ces Religieux. L'Article XLIV. de cette Ordonnance est entierement conforme à l'Article LXX. de celle de Blois , dont on vient de faire la dissertation ; tout comme lui il deffend des lectures publiques, ailleurs que dans les Universitez ; il ajoute seulement une amande de 500 livres contre ceux qui y contreviendront.

Comme les dispositions de ces Ordonnances dans le point dont il s'agit, font les mêmes, l'interpretation que les Religieux leur ont donné est aussi

la

la même a trois argumens prês, qui ne peuvent jamais être écoutez.

Le premier de ces argumens est ainsi conçû. Le motif de l'Article XLIV. de l'Ordonnance de Louis XIII. est d'entretenir le concours des Ecoliers dans les Universitez : les Theses qui se soûtiennent publiquement par les moines ne troublent point ce concours ; donc la disposition de cette Ordonnance ne peut se raporter à leurs Actes, & à leurs Exercices publics. *Premiere Objection prise de cet Article de l'Ordonnance de Louis XIII.*

Il ne faut pas être grand Dialectien pour concevoir toute la fausseté de cet argument. Quand on tronque des propositions pour en tirer des consequences qui soient conformes à un mauvais systême qu'on s'est formé, il n'est pas difficile d'enfanter des raisonnemens pour apuyer ce systême ; c'est le vice le plus ordinaire des Moines, il est devenu peché d'habitude pour eux, ils y retombent sans cesse. *RE'PONSES.*

Commençons par raporter les propres termes de l'Article qu'ils ont cité : les voici. *A ce que les Universitez de nôtre Royaume puissent être conservées, & entretenuës en la frequence & celebrité requise pour l'avancement des bonnes Lettres, Nous deffendons à toutes personnes, soit de l'Université, ou autres, faire lecture publique ailleurs qu'aux Universitez, à peine de 500 liv. d'amande.*

Les Moines conviendront certainement que leur argument ne peut avoir lieu qu'autant que *la conservation & l'entretien des Universitez dans la frequence & celebrité,* ausquelles Louis XIII. a prévû, dépendront du seul concours des Ecoliers, c'est la restriction sur laquelle ce sophisme est apuyé : Or c'est ignorer absolument ce que c'est qu'Univursité, c'est vouloir ne pas comprendre la signification de ces termes : *frequence & celebrité d'Université,* que de leur donner pour tout attribut le concours des Ecoliers. Il n'est personne qui ne sçache que l'objet d'entretenir les Universitez dans la celebrité requise pour l'avancement des bonnes Lettres, ne fut jamais renfermé dans ce prétendu concours d'Ecoliers, il va plus loin cet objet ; c'est sur tout ce qui peut concourir à cette celebrité qu'il doit s'étendre ; qui est-ce qui peut la former cette frequence & celebrité, est-ce le seul concours des Ecoliers ? Non. C'est principalement le droit d'examen sur tous les exercices, & sur tous les actes qui se font en public ; c'est l'Inspection, la superiorité, & la Police generale qui apartiennent aux Universitez sur tous les Colleges Academiques, & sur tous ceux qui veulent lire en Assemblée & multitude d'Auditeurs ; ainsi donc ç'a n'a jamais été le seul concours des Ecoliers, qui a été le motif de la Loy prescripte par Louis XIII. ainsi l'argument qu'on a formé sur cette restriction tombe, & s'évanoüit.

Le deuxiéme argument consiste à soûtenir que dès que Louis XIII. n'a deffendu nulle part l'exercice des Ecoles des Religieux, il s'ensuit qu'il a permis toutes leurs Theses, & tous leurs Actes. *Deuxiéme Objection prise de l'Article 44. de l'Ordonnance de Louis XIII,*

La réponse à cette Objection se trouve encore dans le propre texte de l'Ordonnance de Louis XIII. *elle deffend à toutes personnes, soit de l'Université, ou autres, de faire lectures publiques ailleurs que dans les Universitez ;* c'est certainement faire deffense tant aux Moines, qu'à toutes autres personnes de lire publiquement sans l'aprobation, & sans l'examen préalable des Universitez : ces mots, *à toutes personnes soit de l'Université, ou autres,* sont bien formels, ils renfermenr les Moines, & generalement tous ceux qui veulent faire des lectures publiques. *RE'PONSES.*

Le troisiéme argument est singulier. Quoique nous ne soyons (disent les Moines) la plupart, que de pauvres Mandians ; cependant si la prétention de l'Université avoit lieu, Nous nous trouverions exposez à des *Troisiéme Objection prise de ce même Article de l'Ordonnance,* peines pecuniaires, à une amende de 500 liv. il arriveroit encore un autre inconvenient, en ce que les heures que désigneroit l'Université pour souftenir ces Actes, pourroient-être celles de nos prieres; ce qui troubleroit l'Office Divin : de semblables intentions, continuënt les Moines, n'ont pû partir d'un Roy aussi juste, que l'étoit Louis XIII.

Qu'il soit permis de s'arrêter un moment sur le contraste que presente ce langage des Religieux. Si on les suit dans la Requeste qu'ils ont presentée à V· M : comme de nouveaux Protées on les y trouve sous toutes sortes de figures; d'abord ils s'y élevent même au-deffus des Universitez, ils emploient ensuite tout leur art à abaisser. Ces Corps celebres, ils ne balancent point à leur faire le Procès, pour s'aplaudir d'avoir conservé chez eux une Doctrine souvent équivoque, & qui fut toujours contraire aux Libertez de l'Eglise Gallicane : mais faut-il pour parvenir à ce qu'ils projettent, qu'ils abandonnent ces idées trop fastueuses; on les en verra bien-tôt sortir, & rentrer dans la pauvreté, dans le travail des mains : origine de leur Institut. Quelles métamorphoses ? quelle diverfité de sentiments ? qui de bonne foi pourra croire que la pauvreté, dans laquelle ils cherchent un azile contre les prohibitions qui leur font faites par l'Ordonnance de Louis XIII. lorsqu'ils font des Actes, & Exercices publics, n'ait pour objet que l'humilité ? N'est-ce point au contraire, l'indépendance qu'ils y cherchent, la superiorité, & le defir de produire en public leurs sentimens, & leur doctrine, sans les expoler à aucun examen? qui est-ce qui se persuadera encore que l'aprehension qu'ils disent avoir que l'execution des Décrets de l'Université n'aporte du trouble à leurs saints Exercices, & au service Divin qui se fait dans leurs Eglises, est une apprehension sincere ? que ce trouble n'est point un trouble feint, qui renferme & cache en lui tout un autre caule ? Enfin ces Religieux ne séroient-ils point dans le cas de certains Moines du tems de Saint Augustin, dont il disoit : *Exigunt aut sumptus lucrosæ egestatis, aut simulatæ prætium sanctitatis.* (a)

Au fonds cette pauvreté aparente pourroit-elle souftraire à l'execution de l'Article XILV. de l'Ordonnance de Louis XIII. ceux des Mandians qui voudront lire en Affemblée d'Auditeurs sans aprobation des Universitez ? non certainement ? elle comprend generalement tous ceux qui entreprennent de faire des Exercices & des Actes publics, elle n'en excepte aucuns. Cette peine de 500 livres n'est même qu'une nouvelle précaution, que l'Ordonnance de Louis XIII. ajoûte à celles que l'Ordonnance d'Orleans, & ensuite l'Ordonnance de Blois avoient déja prises pour soumettre abfolument les Actes & les Exercices publics à l'examen, & à la direction des Universitez.

C'est donc un principe inconteftable prouvé par les Etabliffemens des Universitez, par les Ordonnances d'Orleans, par celles de Blois, & par celles de Louis XIII. que la principale fonction d'une Université confifte dans l'infpection, dans la direction, & dans l'examen de Theses qui se foutiennent publiquement.

Quoy que ce droit n'ait jamais été reclamé envain par une Université à qui on auroit voulu l'ôter, quoyqu'il soit commun & si intimement attaché à toutes les Universitez, que sans lui une Universiténe feroit plus pour ainsi dire Université; mais seulement un être de raison, & un vain phantôme, il eſt néanmoins toujours combattu par les Religieux; c'eſt juſques dans leurs propres Statuts qu'on cherche à le détruire.

Avant d'entrer dans la Diſſertation qu'ils font de ce Statut, il faut commencer par en raporter le texte: *Item, ſtatuimus quod nullus à cætero cujuſcumque conditionis vel facultatis exiſtat, ſive Baccalaureus, ſive Scholaris, ſive de Univerſitate, ſive non, auſu quocumque temerario publicas Quæſtiones, communes, vel privatas ponere, vel diſputare præſumat, ſine licentia Regentis illius Facultatis petita & obtenta; quod ſi quis aliter facere præſumpſerit rebellis & inobediens ſit cenſendus, & arbitrio Rectoris & Conſilii veniat ponendus. Nolumus tamen,* ajoute ce Statut, *in noſtro Statuto Religioſorum Privilegiis, quibus datum eſt poſſe diſputare in Scholis ſuis, preſidente aliquo Religioſorum per Capitulum Generale Provinciale, vel Conventuale ſolemniter electo quovis modo derogare.*

Voicy l'argument au moyen duquel on prétend que l'Univerſité de Bordeaux ait travaillé par ſes propres Statuts à l'impoſſible; c'eſt-à-dire à la conſervation de ſes Privileges, & tout à la fois à la deſtruction de ces mêmes Privileges. Elle fait, dit-on, d'abord deffenſes à toutes perſonnes de ſoutenir des Theſes en public, ſans la permiſſion d'un Docteur Regent de la Faculté, elle déclare enſuite qu'elle n'entend pas déroger aux Privileges que les Religieux ont de faire ſoutenir des Theſes, où préſide quelque Sçavant de l'Ordre choiſi en plein Chapitre, General, Provincial, ou Conventuel; or ce Statut ne doit point s'entendre des Theſes non imprimées, & des Exercices qui ſe font *januis clauſis*, ce qui eſt la prétention de l'Univerſité; on tâche de fortifier ce raiſonnement par les trois réflexions ſuivantes.

La premiere; parce l'Univerſité défendant d'une part de ſoutenir des Theſes en public ſans ſa permiſſion, & exceptant d'autre part les Religieux, il eſt d'une conſequence certaine qu'elle leur permet ce qu'elle défend aux autres.

La deuxiéme; ce qu'elle permet aux Religieux eſt fondé en Privileges; or il ne faut point de Privileges pour enſeigner dans l'interieur des Monaſteres, pour inſtruire les Religieux.

La troiſiéme; il doit s'agir de Theſes imprimées permiſes aux Religieux par l'Univerſité; car il s'agit de Theſes où il y a un Préſident élu par le Chapitre: or on ne choiſit un Préſident que pour des Theſes imprimées, & auſquelles les autres Ordres Religieux ſont invitez.

C'eſt à quoy ſe réduiſent toutes les objections des Religieux ſur les Statuts des Supliants; on a pris ſoin de les raporter dans toute leur force, parce que c'eſt un des moyens qu'ils ont le plus fait valoir au Parlement de Bordeaux.

Les Réponſes qu'on va leur opoſer, ſont autant de démonſtrations.

La premiere réflexion des Ordres Religieux tombe, parce que l'Uverſité par ſon Statut ne s'eſt pas contentée de défendre des Theſes en public, en appellant indifferemment toute ſorte d'Auditeurs, & à portes ouvertes, comme le ſupoſent les Religieux contre le texte formel du Statut qu'ils citent; la défenſe que porte ſon Statut va plus loin: les Religieux s'en ſont aperçûs, & l'ayant fidelement tranſcrit en Latin, ils ont obmis de traduire en François deux mots déciſifs: *Nullus auſu quocumque temerario publicas quæſtiones communes vel privatas diſputare præſumat.* Ce ſont ces termes: *communes vel privatas,* qui ne ſe trouvent point dans la traduction, ni dans le raiſonnement des Religieux; on a fait cette traduction, & on a raisonné comme s'ils n'y étoient point, on s'est contenté de dire que ce Statut défend de soutenir des Theses en public sans la permission d'un Docteur Regent, lorsqu'on devoit dire qu'il défend de soutenir des Theses publiques, communes, & privées, sans la permission du Docteur Regent de la Faculté.

On voit évidemment que ce Statut défend generalement à toutes sortes de personnes, soit qu'elles soient de l'Université, soit qu'elles n'en soient point, de disputer des Questions publiques, communes, & privées; mais parce que les Ordes Religieux tenoient chez eux des Ecoles particulieres, & que les jeunes Religieux dans l'enclos de leurs Maisons proposoient des Questions qui restoient toujours en elles-mêmes privées, parce qu'elles ne se soutenoient point à portes ouvertes, & que les externes n'y étoient pas admis, l'Université déclara qu'elle ne vouloit en aucune maniere donner atteinte aux Privileges des Ordres Religieux, par consequent ils eurent, comme ils ont aujourd'huy, le droit de tenir leurs Ecoles particulieres, pour y enseigner sans la permission de l'Université les bonnes & saintes Lettres, & pour former leurs jeunes Freres en mœurs & discipline monastique; voilà toute l'étenduë des Privileges attribuez aux Religieux par ces termes du Statut : *Nolumus tamen Religioforum Privilegiis, quibus datum est posse disputare in Scholis suis quovis modo derogare*, ces mots, *in Scholis suis disputare*, dissipent toute équivoque, ils ne peuvent s'entendre, & aller au de-là de la faculté que les Religieux ont d'enseigner, & de disputer dans leurs Cloîtres, *in Scholis suis*, dans l'Enclos desquelles ils doivent aux termes des Ordonnances & des Loix du Royaume renfermer tous leurs Exercices; ils ne sçauroient à la faveur d'une fausse interpretation, ajouter à leurs Privileges ce qu'ils n'ont jamais eû : *Declaratio nihil dat, nihil addit, nihil disponit, sed datum significat & ostendit, ad illud commensuratur, ad ejus fines & limites restringitur*; il est de principe que *verba Statutorum sunt tyranica*, on ne peut les étendre *huc usque predem*, dit Me Charles Dumoulin, ils n'ont jamais parlé des Theses imprimées ou soutenuës en public; ainsi donc ces Ordres ne peuvent profiter de l'exception contenuë dans l'Article du Statut, qu'ils apellent si fort à leur secours, qu'autant qu'ils renfermeront leurs disputes dans leurs Cloîtres, *in Scholis suis*.

Il en est de même de leur deuxiéme reflexion, elle n'est ni juste, ni solide.

1°. Ces Ordres ne peuvent être établis dans l'Eglise qu'en vertu des Privileges qui leur sont accordez par l'autorité Pontificale, & qu'on apelle Privileges Apostoliques.

2°. Ils ne peuvent avoir de domicile, ni faire leurs fonctions dans le Royaume que par l'autorité Royale.

3°. Ils ne peuvent recevoir des Sujets dans leurs Maisons, ni avoir des enfans que par la grace du Prince qui leur permet d'en recevoir.

4°. Ils ne peuvent tenir aucuns Chapitre, aucunes Assemblées, ni proposer aucunes questions publiques, même dans l'enclos de leurs Monasteres ou de leurs Convents sans cette même permission; delà vient qu'ils doivent être fondez en Privileges Apostoliques, & Royaux pour pouvoir proposer des questions, même dans l'interieur de leurs Monasteres.

Ainsi dès que c'est un principe incontestable que les Religieux ne peuvent faire aucuns exercices sans être fondez en Privileges, la distinction

que

que leur avoit fait faire le mot de Privilege contenu dans cet Article du Statut ne leur deviendra-t'-elle pas absolument inutile ?

La troisiéme reflexion des Religieux tombe également par un fait qui est entierement décisif. En 1441. & 1481. tems de la fondation de l'Université de Bordeaux & que les Statuts furent publiez, il n'y avoit point encore paru dans cette Ville d'impression ni d'Imprimeur, ce qui prouve bien formellement que ces Statuts n'avoient pû entendre parler des Theses imprimées qu'on ne connoissoit point alors.

Quelques fortes que soient ces trois réponses ; ne le paroissent-elles pas encore d'avantage, quand on observe que le droit dont il est parlé dans cet Article du Statut, a été rapellé dans les Ordonnances d'Orleans & de Blois, qui sont venuës après lui ? on a démontré que ce droit y est fixé & prescrit d'une maniere toute oposée au sens qu'on veut qu'il aye par le Statut : Or c'en seroit assez pour renverser cette disposition du Statut, suposé qu'elle fut conforme à ce que prétendent les Religieux ; parce que s'agissant d'un droit public, c'est dans les seules Ordonnances des Roys qu'il en faut chercher les dispositions. On sçait que la volonté du Prince forme toute la regle du droit public : ce Statut pris dans le sens des Religieux auroit-il l'autorité d'abolir la Loy portée par les Ordonnances venuës après lui ? Ne devroit-il pas au contraire être lui-même reformé sur cette derniere Loy, suposé qu'il y contrevint ?

Mais on demande à ces Peres ? Quand même il seroit vray que le Privilege que vous reclamez vous fut accordé par ce Statut, auroit-il la force de vous en faire joüir ? pourroit-il enlever à l'Université, sa partie la plus essentielle, & sans laquelle elle cesse pour ainsi dire d'être Université ? pourroit-il lui ôter un droit qui descend de Faculté, qui lui est inherent ? pourroit-il la priver des fonctions que les Ordonnances d'Orleans, celle de Blois, celle de Louis XIII. les Edits, les Déclarations, les Arrests du Conseil, ceux du Parlement de Paris, la Jurisprudence du Royaume, le bon ordre & le bien public lui attribuënt le plus necessairement ? Ouvrez, leur diroit-on, les yeux à la lumiere, abandonnez pour quelque tems cet esprit d'ambition qui vous fait aimer vôtre erreur, & vous verrez que vôtre projet est injuste, contraire au bien de l'Etat, & même impossible dans son execution ? Car enfin on ne peut le faire executer qu'en commençant par renverser les Loix les plus sacrées du Royaume, ausquelles il est diamêtralement oposé.

Ces mêmes principes détruisent encore les Commentaires que les Religieux ont fait sur leurs Constitutions, qu'ils disent avoir esté enregistrées au Parlement ; auroient-elles le pouvoir ces prétenduës Constitutions de les faire sortir du fonds de leur Cloître, où la Loy du Royaume les renferme quand ils veulent faire des exercices, sans ceux à qui la Police de ces Actes est confiée ? a-t'-on même osé citer ces Constitutions, & le produire ?

Après des démonstrations aussi parfaites, il faut croire que les Religieux abandonneront le retranchement qu'ils sembloient s'être fait de cet endroit du Statut, qui porte que l'Université n'entend point déroger aux Privileges que les Moines ont de disputer, *in Claustris suis, in Scholis suis,* & qu'ils en viendront au sens veritable que presente d'abord ce même Statut, qui est que nul ne pourra disputer des questions publiques communes, & privées sans la permission, & l'aprobation du Docteur Re-

E

gent de la Faculté dont la Thefe traitra.

Les Suplians finiront ici l'examen des preuves qui ont démontré leur premiere propofition, ils ont établi que leurs Décrets avoient efté decernez par les Ordonnances, par les Loix du Royaume & par leurs propres Statuts, ils ont plus fait, SIRE, ils ont encore prouvé que tous les Monafteres devoient & eftoient obligez d'envoyer leurs Religieux étudier dans les Univerfitez; de quelle utilité ne feroit point le renouvellement des Reglemens rendus à ce Sujet? C'eft une queftion à laquelle le bien de l'Etat & celui du public font affez intereffez, fans qu'il foit befoin d'emprunter la voix des Suplians pour la faire réfoudre, tout leur objet dans la prefente Requefte eft de fe renfermer dans les feuls limites de leur caufe, qui fe réduit à fçavoir fi leurs Décrets peuvent être détruits, s'ils ne doivent point fubfifter.

On les a prouvez juftes ces Décrets, fages, reguliers, & neceffaires; mais ils le deviendront bien davantage, fi l'on eft en eftat de montrer que les Loix & les Ordonnances qui les ont dictés font aujourd'hui dans toute leur vigueur.

DEUXIE'ME PROPOSITION.

Les Loix & les Ordonnances qui ont dicté les Décrets dont il s'agit, font aujourd'hui dans toute leur vigueur.

Les Arrefts de Reglement qui prouvent ce point de la caufe font fans nombre, la Jurifprudence qu'ils ont établi dans le Royaume eft auffi conftante quelle y eft generale.

Quenois fur les Ordonnances de l'Univerfité de Paris, § 27. Art. 25.

Le Parlement de Paris rendit un Arreft le 4 Septembre 1604. qui fur la plainte du Recteur de l'Univerfité ordonna la laceration de certaines Thefes, & fit deffenfes à toutes perfonnes fous peine de la vie, de tenir ni d'enfeigner aucunes maximes contre les anciens Auteurs aprouvez, ni faire aucunes difputes que celles qui feroient aprouvées par les Docteurs de la Faculté de Théologie; il fut ordonné que l'Arreft feroit lû dans l'Affemblée de cette Faculté, & tranfcrit fur fon Regiftre.

Journal des Audiances liv. 1. ch. 2.

Cet Arreft avoit efté precedé d'un autre jugement émané du même Tribunal le 22 Janvier 1603. qui en ordonnant la fupreffion d'une Thefe de Theologie comme contraire aux Privileges de l'Eglife Gallicane, fit deffenfes au Syndic de la Faculté de Théologie, de fouffrir que telles propofitions fuffent inferées dans aucunes Thefes, & ordonne que l'Arreft feroit enregiftré, & envoyé aux autres Univerfitez.

Deuxiéme Tome des Memoires du Clergé tit. 1. chap. 6.

Ces Arrefts ont efté fuivis d'un troifiéme du 3 May 1663. qui décide encore très précifement le cas dont il s'agit; il deffend à tous Bacheliers, Licentiers, Docteurs, & à toutes autres Perfonnes de foûtenir & difputer, lire & enfeigner directement, ni indirectement ès Ecoles publiques, ni ailleurs aucunes propofitions contraires à l'ancienne Doctrine de l'Eglife, aux Saints Canons, Décrets des Conciles Generaux, & aux Libertez de l'Eglife Gallicane, à peine de punition exemplaire & aux Syndics tant de la Faculté de Théologie que des autres Univerfitez de fouffrir que telles propofitions fuffent inferées dans aucunes Thefes, à peine d'en répondre en leur propre & privé nom, & d'être procedé contr'eux extraordinairement.

Les Religieux réfifteront-ils à l'execution de ces Arrefts, en foûtenant qu'ils ne peuvent s'apliquer qu'aux Supofts de l'Univerfité & aux feules Thefes & difputes Academiques ?

Objection formée par les Religieux à l'occafion des Arrefts du Parlement de Paris, qui leur ont été oppofez. RE P O N S E S.

Il eft des Loix & fi claires & fi precifes, que leur feul texte fuffit, pour diffiper tout d'un coup les fauffes aplications qu'on ofe en faire. On peut dire que les Arrefts dont on vient de faire l'Analyfe font de ce nombre ; le texte de l'un d'eux, qui eft celui du 4 Septembre 1604. porte des deffenfes à toutes perfonnes de faire aucunes difputes publiques, que celles qui feront aprouvées par les Docteurs de la Faculté de Theologie ; une telle difpofition peut-elle être limitée, & aftrainte aux feuls Supôts des Univerfitez ? ne comprend-elle point generalement toutes les perfonnes qui veulent faire des difputes publiques ?

Mais ces Loix qui viennent de l'établiffement même des Univerfitez, jufques à les rendre refponfables des propofitions nouvelles & dangereufes qui fe trouveroient imprimées dans des Thefes, ont encore été autorifées dans tous les temps & dans toutes les occafions par les Loix émanées du Tribunal fuprême de V. M. & des Roys fes predeceffeurs.

L'Article I. de l'Edit du mois de Mars 1682. rendu fur la déclaration faite par le Clergé de France, de fes fentimens touchant la puiffance Ecclefiaftique, défend à tous fes Sujets du Royaume, & aux Etrangers qui y font Seculiers, & Reguliers, de quelque Ordre, Congregation, & Societé qu'ils foient, d'enfeigner dans leurs Maifons, Colleges & Seminaires, & d'écrire aucune chofe contraire à cette Doctrine.

Quatriéme tom. du Journal des Audiances. Liv. 5. Chap.10.

Si on demande aux Moines qui font ceux à qui l'execution de cet Edit a été confiée, que répondront-ils ? doutront-ils qu'elle ne foit donnée à l Univerfité ? feront-ils naître quelques nouvelles équivoques fur ce point de Jurifdiction ? mais qu'ils lifent l'art. dernier de ce même Edit, & fur le champ leurs équivoques, leurs doutes feront aplanis ; il eft conçû dans ces termes : *Ordonnons aux Doyens & Syndics des Facultez de Théologie de tenir la main à l'exécution des prefentes, à peine d'en répondre en leur propre & privé nom.* Voilà donc les Univerfitez refponfables en leur propre & privé nom de ce qui s'enfeignera ou imprimera en quelque part que ce foit du Royaume, de contraire à la Doctrine mentionnée dans cet Edit, & par une confequence bien neceffaire tenuës & obligées d'éxaminer avant ce qui peut paroître ou être enfeigné à ce fujet : rendre un quelqu'un refponfable d'un fait, c'eft certainement dire que ce fait ne peut arriver qu'après avoir été aprouvé & examiné par ce quelqu'un.

Ces mêmes deffenfes font écrites dans la Déclaration du cinquiéme Juin 1719, elle défend *nominatim* à toutes les Univerfitez de permettre ou de fouffrir qu'il fe faffe aucune difpute dans les Ecoles fur le fujet de la Conftitution *Unigenitus.*

La lettre de cachet adreffée par V. M. aux Suplians le 21 Juin mil fept cens dix-neuf eft encore plus précife ; il faut en raporter les propres termes, *nous vous ordonnons*, y eft-il dit, *comme à toutes les autres Facultez de Théologie de notre Royaume, de ne permettre ni fouffrir qu'il fe faffe aucune difpute fur les matieres de la Conftitution dans les Ecoles de Théologie, & dans les Thefes, & autres Actes publics qui feront foutenus, à quoi vous ne ferez faute à peine de défobéiffance, enjoignons de plus au Doyen & Syndic de tenir la main à l'exécution de notre prefent Ordre, à peine d'en être refponfable en leur propre & privé nom,* cette injonction pourroit-elle être plus formelle ? comment la concilier avec l'Arreſt attaqué ? il défend preciſément le contraire de ce qu'elle preſcrit ; que feront les Suplians dans un pareil cas ? s'ils ſe conforment à l'Arreſt du Parlement de Bordeaux, ils refuſent d'exécuter ce qui leur eſt ordonné par V. M. à peine de déſobéiſſance, ſi au contraire ils obéiſſent aux Ordres de V. M. ils contreviennent à l'Arreſt du Parlement. Quelle difference entre le motif qui a déterminé la Déclaration du 5 Juin 1719, & celui qui a fait rendre l'Arreſt attaqué ? l'obligation de proteger l'Egliſe du Royaume & d'éloigner les nouveautez & tout ce qui pourroit en troubler la tranquilité, eſt tout le fondement de la Loi prononcée par V. M, une liberté au contraire de produire en public toutes ſortes de Doctrines apuyée ſur un uſage abuſif, a été le pretexte de la Loi dictée par votre Parlement de Bordeaux.

OBJECTION. L'interpretation au moyen de laquelle les Religieux avoient tenté d'éviter les diſpoſitions des Ordonnances de Blois & de Louis XIII. vient une ſeconde fois à leur ſecours, ils la font encore ſervir à l'Edit de 1682, ils veulent qu'il n'ait de raport qu'aux Actes & exercices des Supôts de l'Univerſité ; c'eſt dans le quatriéme art. de cet Edit qu'ils cherchent cette interprétation.

REPONSES. Mais la Loi écrite dans le dernier article de ce même Edit, eſt trop claire pour qu'elle puiſſe donner lieu à des Commentaires ; l'injonction qu'elle contient embraſſe toutes les diſpoſitions de l'Edit, la reſtriction qu'on voudroit lui donner eſt condamnée par le propre texte & la diſpoſition préciſe de l'Edit, *ubi verba ſunt clara, non admit.tur volontatis quæſtio.*

OBJECTION. Il ſemble que toute la reſſource des Religieux ſoit placée dans cette fauſſe diſtinction, ils l'opoſent encore aux titres reſpectables que les Suplians trouvent dans la Déclaration du 5 Juin 1719, & dans la Lettre de cachet qui leur a été adreſſée le 21 du même mois, cela ne doit s'entendre, diſent-ils, que des Supôts des Univerſitez.

REPONSES. Toute la réponſe des Suplians ſera d'opoſer à cet argument le propre texte de l'Ordre de V. M. qui accompagne cette Déclaration ; *Nous vous ordonnons qu'il ne ſe faſſe aucunes diſputes ſur les matieres de la Conſtitution, dans les Theſes & autres Actes publics à peine de déſobéiſſance :* Ces mots, *& autres Actes publics,* ne comprennent-ils point les Theſes que les Religieux font imprimer, diſtribuer, & qu'ils ſoutiennent en aſſemblée & multitude d'Auditeurs ? que les Ecoles des maiſons Religieuſes ſoient des Ecoles particulieres, que les Précepteurs ou notables Perſonnages par elle entretenus & ſtipendiez forment les Novices en mœurs, & diſcipline monaſtique, que leurs exercices particuliers ſoient dans l'interieur du Cloître ſans aſſemblée & multitude d'Auditeurs, ſans ouvrir les portes aux externes, ſans Billets d'invitation, qu'ils n'obſervent aucunes des ſolemnitez dont peuvent joüir les ſeules Ecoles publiques, qu'ils demeurent dans ces bornes & limites, alors l'Univerſité de Bordeaux ne prendra aucune Juriſdiction ſur eux, alors on ne craindra point que ces Religieux agitent les matieres défenduës par l'Edit de 1682, & par la Déclaration de 1719.

Ce n'eſt pas la premiere fois que la queſtion dont il s'agit a été portée devant V. M. elle l'a jugée en faveur de l'Univerſité d'Angers le 2 Août 1675, & le 31 Juillet 1676 ; les Religieux de cette Ville entreprirent d'y enſeigner une Doctrine ſuſpecte, l'Univerſité les manda, elle rendit un Décret par lequel elle leur enjoignit de preſenter toutes les Theſes

qu'ils

qu'ils voudroient faire soutenir avant de les exposer en public , & de porter chaque année leurs Ecrits, pour que leur Doctrine fût examinée à fonds : ces Décrets furent autorisez, ils furent confirmez par deux Arrests rendus au raport de feu M. de Chateauneuf Secretaire d'Etat, ils ont toûjours été depuis executez dans la Ville d'Angers ; aucune These ne s'imprime, & ne se soutient dans cette Ville, & dans les maisons Religieuses, sans avoir été auparavant examinée par les Docteurs de la Faculté dont traite la These, l'Université y est invitée, elle y assiste, si elle le juge à propos.

Inutilement les Religieux diront-ils que ces Arrests ne regardoient que OBJECTION le College d'Anjou qui étoit affilié à l'Université, & qu'ils n'avoient de raport qu'aux opinions de Descartes.

On leur repondra toujours par le même principe. Vous ne pouvez res- RÉPONSES traindre au seul College d'Anjou affilié à l'Université des Arrests rendus pour toutes les maisons Religieuses ; vous ne pouvez raporter aux seules opinions de Descartes, des décisions qui ont pour principe le Droit general d'éxaminer les Theses : Droit qui forme l'atribut essentiel d'une Université.

La même question fût encore vivement agitée en **1721** au Conseil d'Etat de V. M. entre l'Université de Poitiers & les Minimes de la même Ville, & elle fut decidée par un Arrest contradictoire en faveur de cette Université.

Enfin ces Religieux éluderont-ils la force de toutes ces Loix, en disant OBJECTION. que s'il leur arrivoit de mettre au jour une Doctrine qui ne fut pas ortodoxe ; l'Université pourroit la censurer.

Une seule raison de convenance détruiroit cette Objection. Dès que RÉPONSES. les Religieux conviennent que l'Université a le Droit de censurer leur Doctrine , & sur tout celle de leurs Theses , ils seront contraints d'avoüer qu'elle a aussi celui de les examiner avant qu'elles paroissent dans le Public : qui dans un Etat a l'autorité de punir le mal quand il est fait, a certainement le pouvoir de le prévenir ; l'examen est preferable à la censure ; l'un previent le mal & le scandale , & l'autre qui est la censure, ne peut être sans scandale.

Mais s'il est certain que les Livres , & principalement ceux qui concernent les mœurs, & les autres matieres qui se traitent dans les Universitez, ne peuvent devenir publics sans avoir été auparavant examinez & approuvez par les Maîtres des Facultez, les Theses qui s'impriment, & qui paroissent en public, ne doivent-elles pas être soumises au même examen ? or que cet usage soit un principe constant dans le Royaume, on va le démontrer par des preuves qu'on peut dire être à l'abri de toute contradiction.

1°. L'Université de Paris défendit par un Decret de 1323 , aux Libraires de ce temps-là , de loüer aucuns Exemplaires, qui n'étoient alors que Manuscrits, sans avoir été corrigez par l'Université. (*a*)

2°. Elle ordonna à chaque Recteur, qui changeroit tous les trois mois, de faire publier (*b*) dans toutes les Ecoles, que si quelqu'un rencontroit des Exemplaires corrompus, il eut soin de les presenter dans l'Assemblée du Recteur, & des Procureurs des Nations, pour les corriger.

Ces mêmes défenses, ces mêmes dispositions furent rapellées par un autre Acte de l'Université du 6 Octobre 1342. qui porte que s'il arrive que

(*a*) *Nullus Librarius exemplar locet antequam corigatur & taxetur per Universitatem.*

(*b*) *Item , ordinavit Universitas quod quilibet Rector faciet proclamari per Scholas , si quis invenias exemplaria corrupta illa offerat publicè coram Rectore & Procuratoribus ut exemplaria corrigantur.*

les Libraires recouvrent quelques Exemplaires nouveaux, ils ne les communiqueront point, ni à leurs Confreres, ni aux autres; qu'ils n'ayent été aprouvez par l'Université, corrigez, & taxez: (a) à ces Actes on pourroit en ajouter mille autres.

Le Parlement de Paris rendit un Arrest le 18 Mars 1521. „ qui fait défenses d'imprimer sous peine de 500 liv. d'amande, & de banissement, „ aucuns livres concernant la Religion, & l'interpretation de la Sainte „ Ecriture, qu'ils n'ayent été auparavant vûs, & aprouvez par la Faculté „ de Théologie, ou par ses Deputez, ce qui fut renouvellé par un autre „ Arrest du 4. Novembre suivant.

Il intervint un deuxiéme Arrest au même Parlement le 2. May 1535. „ qui fit inhibitions, & défenses à tous Libraires, & Imprimeurs d'imprimer „ & d'exposer en vente aucuns livres composez en la science de Medecine, „ qu'ils n'eussent été premierement vûs & visitez par trois bons & notables „ Docteurs en la Faculté, & aprouvez par icelle, sur peine de la confisca-„ tion de la Marchandise, prison, amande arbitraire, & autres peines.

Autre Arrest en 1542, qui fit défenses sur la même peine, à tous Libraires, & autres Marchands de quelque qualité & condition qu'ils fûssent, d'exposer en vente aucuns livres en la Ville de Paris, & autres du Ressort, s'ils n'avoient été visitez par les Députez de l'Université; il ordonna que les Libraires avant d'ouvrir les balles des livres, qui leur seroient venus de nouveau, seroient tenus d'apeller quatre Libraires Jurez de l'Université, pour assister à cette ouverture: *& selon la science & qualité dont ces livres seront; ces quatre Libraires Jurez, ce sont les propres termes de l'Arrest, avertiront le Recteur de l'Université de Paris, & Doyens des trois Facultez d'icelle, pour voir & visiter lesdits Livres, & à cette fin sera tenu le Recteur commettre pour la visitation des livres de Grammaire, Logique, Rethorique, Philosophie, deux Maîtres ès Arts, bons personnages sçavans & non suspects; & quant aux Livres concernant la Théologie & Religion Chrétienne, la Faculté d'icelle commettra aussi deux notables Docteurs exempts de toute suspicion, pour voir & visiter lesdits livres, & la Faculté de Droit Canon en commettra aussi deux autres non suspects, pour la visitation des livres en Droit Canon & Civil, & pareillement la Faculté de Medecine, quand aux livres de Medecine, pour visiter lesdits livres.*

Cet Arrest de Reglement ne semble-t'il point avoir servi de modele aux Decres de l'Université de Bordeaux, qui renvoye les Theses aux Maîtres de chaque Faculté, selon la science & la qualité dont traitent ces Theses, pour être par eux vûes, examinées, corrigées & aprouvées.

C'est sur cet Arrest que Henry II. donna son Edit le 27 Juin 1551. *qui fait défenses d'imprimer ni vendre aucuns livres, commens, Scholies, annotations, tables, indices, épitomes, & sommaires concernant la Religion, qu'ils n'eussent été vûs & visitez, sçavoir ceux qui seroient imprimez ès Villes de Paris & autres où il ny a Faculté de Théologie, par les Docteurs & Députez d'icelle, avec défense à tous les Parlemens, Maîtres des Requêtes, & autres gardans les Sceaux des Chancelleries, Juges Présidiaux, & autres Officiers & Magistrats quels qu'ils soient, de donner dors en avant aucune permission d'imprimer livres, que premierement ceux qui demanderoient ladite permission n'en eussent certification des Facultez de Théologie, que lesdits livres ont été vûs, & approuvez desdites Facultez.*

Les Religieux ne disconviendront pas que les Theses qu'ils font soutenir ne soient au moins des indices, des épitomes, & des Sommaires, des écrits que dictent dans leurs Ecoles leurs prétendus Professeurs;

& par conſequent que leur impreſſion ne ſoit deffendue par cet Edit, ſi ces Theſes ne ſont approuvées par les Maîtres des Facultez.

Ce n'eſt pas en prétendant qu'il faudroit qu'il fût fait mention expreſſe dans cet Edit & dans ces Arreſts des Theſes imprimées, qu'on réſiſteroit à l'argument qui en réſulte.

Les diſpoſitions de ces Loys ne perdroient rien de leur force par ce vain prétexte. Si les Theſes imprimées n'y ont point été formellement compriſes, c'eſt que dans ce tems là les Theſes n'étoient point imprimées; même celles qui ſe ſoutenoient dans les Univerſitez: celles des Moines ne paroiſſoient que dans l'Enclos de leurs Convents, & Monaſteres.

Mais dès que l'uſage d'imprimer les Theſes a été introduit, d'abord dans les Ecoles publiques, & recemment dans les Ecoles des Moines, & des Congregations régulieres, & ſéculieres; ces Theſes, comme les indices, les épitomes & les ſommaires ſont devenuës ſujetes à l'examen des Maîtres des Facultez, & doivent avant d'être imprimées, avoir leur aprobation, à moins que V. M. ne trouvât à propos de les interdire abſolument, en rappellant les Ordonnances des Rois ſes Prédeceſſeurs, & en rétabliſſant l'ancienne & ſage Police, qu'ils avoient établie dans le Royaume.

Ce ſeroit encore en vain qu'on opoſeroit à ces Edits & Arreſts qu'ils n'avoient été rendus alors, que parce que dans ces malheureux tems, les Auteurs, Imprimeurs & Libraires étant ſuſpects d'héreſie, il étoit neceſſaire d'accorder à la Faculté de Théologie, l'examen & la viſite des livres.

1º. Le Parlement de Paris par Arreſt du 16. Janvier 1578. fit iteratives inhibitions, & défenſes *à tous Imprimeurs, Libraires, & autres d'imprimer, ni faire imprimer, ni expoſer en vente aucuns livres ni traitez concernant la Medecine, ſans l'aprobation de la Faculté de Medecine, & où il s'en trouveroit de commencez à imprimer ou imprimez, ou expoſez en vente contre la forme ſuſdite, permet aux Doyens & Docteurs en Medecine, de les faire ſaiſir en quelque lieu qu'ils ſoient trouvez.*

Cet Arreſt accordé en faveur de la Faculté de Medecine, & qui lui renvoye l'examen des Ouvrages publics qui la concernent démontre invinciblement que les héreſies de ce tems là n'étoient point les ſeuls motifs des Arreſts rendus en faveur de celle de Théologie. Le droit d'examiner tous les ouvrages publics en matiere de doctrine & de ſcience, eſt né avec toutes les Facultez des Univerſitez Royales, elles ont toujours été en poſſeſſion de ce droit; c'eſt de lui que l'Univerſité de Paris a eû la Direction de toute l'ancienne Librairie, c'eſt parce qu'elle en avoit la jouiſſance, qu'elle a établi l'Imprimerie dans Paris, & dans toutes les Villes du Royaume; c'eſt en vertu de ce même droit que nul n'eſt reçu à l'aprentiſſage de cette Profeſſion, s'il n'a été examiné, & trouvé capable par le Recteur, ny même à la Maîtriſe, s'il ne lui prête ſerment dans l'Aſſemblée de l'Univerſité.

2º. Les motifs ſur lequel on croiroit que ces Arreſts ont été rendus, ſubſtent toujours: les tems les plus heureux ne pourroient les faire ceſſer. Quand bien même la pureté des mœurs, & de la Doctrine ſeroit dans ſon plus haut point de perfection, quand les maximes de l'Etat & de nos ſaintes libertez ne ſeroient affoiblies dans aucune Ecole, il faudroit toujours veiller à leur conſervation: auſſi a-t'on vû que les Edits qui concernent ces matieres, ont été rapellez par Louis le Juſte, Louis le Grand, & par V. M. *(a)* & les motifs qui les ont fait renouveller, ſont pris de ce qu'on negligeoit de les executer.

On voit encore aujourd'huy que les Chanceliers, & Gardes des Sceaux qui veulent bien ſur les émolumens du Sceau ſtipendier les differens Cenſeurs des Livres, nomment des Maîtres de toutes les Facultez pour les differens ouvrages que l'on donne au Public ſous leur Aprobation.

Les ouvrages mêmes qui ſont du Reſſort du Lieutenant General de Police, ſont aprouvez par un Maître des Facultez; par exemple à Paris par le Sᵗ. Paſſart Maître ès Arts, avant qu'on puiſſe obtenir la permiſſion de les imprimer; les Requeſts & autres ouvrages qui ſe raportent aux differens Conſeils de V. M. ne peuvent être imprimez s'ils ne ſont ſignez par des Avocats au Conſeil; les Factums, Memoires & Plaidoyers du Parlement & autres Cours ne peuvent également être imprimez, s'ils ne ſont ſouſcrits par des Avocats qui ont prêté le ſerment, & qui ſont ſur le Tableau.

De quel droit donc les Moines feront-ils imprimer leurs Theſes, ſi elles ne ſont aprouvées par des Maîtres des Univerſitez, que nos Rois ont établi à cet effet? leurs prétendus Profeſſeurs ſans aucun grade, Maîtres dans l'Enclos de leurs Monaſteres, ſans avoir prêté aucun ſerment à l'Etat, & par la ſeule nomination de leur Superieur ſouvent Etranger, n'ont certainement aucun titre pour pouvoir produire au dehors & en public des Cours de Philoſophie, & de Théologie, ni pour faire des Lectures en Aſſemblée publique, & multitude d'Auditeurs.

OBJECTION. Icy ſe preſente le grand argument des Religieux. l'Univerſité de Bordeaux n'eſt point, diſent-ils, dans cet uſage, elle eſt la ſeule qui veuille s'arroger le droit d'examiner les Theſes, d'y demander des Places comme Arbitre de la diſpute, & d'aſſigner les jours & heures pour les ſoutenir; la Sorbonne, les Univerſitez de Caën, de Bourges, de Reims, & de Toulouſe atteſtent qu'elles ne ſe ſont jamais mêlées des Theſes qui ſe ſont ſoutenues chez les Religieux.

Les ſolutions, & réponſes au moyen deſquelles on va réſoudre cet argument, ſont du nombre de celles qui ne laiſſent jamais rien à deſirer après elles.

RÉPONSES. C'eſt un principe connû que les Droits d'inſpection, & de ſuperiorité qui intereſſent le bon ordre, & qui ſont d'ailleurs de pure faculté, ne ſont point ſujets à la Loi de la preſcription. Cette maxime a eſté opoſée aux Religieux, ils n'ont pas ôſé la conteſter; ainſi dès que ce Droit eſt imprécriptible par lui-même, il ne s'agit plus que d'examiner s'il apartient à l'Univerſité, & s'il peut être détruit par le non uſage imputé aux Suplians & autres Univerſitez du Royaume.

Or que ce Droit apartienne à l'Univerſité & ſoit ſa partie la plus eſſentielle, on l'a déja prouvé; qu'il ne puiſſe également être renverſé par ce prétendu non uſage, pluſieurs reflexions le démontrent.

1₀ Une Compagnie après avoir negligé un Droit qui lui étoit habituel, qui lui eſtoit inherent, le reclame, elle veut en joüir; ſera-t'elle pour cela taxée de nouveauté? Dumoulin ſur la Coutume de Paris décide le contraire; voici la raiſon qu'il en rend après Bartole: *Quando id quod erat in potentia reducitur ad actum non dicitur quid novum*, ce n'eſt point introduire des nouveautez que de ramener les choſes à leur veritable principe,

ceux

(a) *Vide l'Edit de 1624. les Lettres Patentes de 1661. & celles du mois de Février 1722. enregiſtrées au Parlement le 15. Avril. ſuivant.*

ceux qui sur ce fondement voudroient joüir d'un droit qui auroit esté negligé par leurs Predecesseurs, souvent par indolence, ou par des circonstances particulieres, loin d'être regardez comme des Novateurs, merite-
roient au contraire des éloges, de n'avoir point suivi des exemples qu'il
eut sans doute esté avantageux au bien public, de n'avoir jamais vû.

2°. Si l'Université de Bordeaux a esté jusques à present sans joüir de ce
droit, ce n'est pas qu'elle ne l'aye souvent reclamé : mais remplie, & inon-
dée, pour ainsi dire, des Religieux qui composent la Faculté de Théologie au nombre de sept, elle est toûjours évincée, quand il s'agit de rendre quelque Décret qui tende à gêner en quelque façon les sentimens &
la liberté des Moines. Pour être pleinement convaincu de ce fait, il suffira
de rapeller ce qui se passa au mois de Juillet de l'année 1711. dans
l'Université de Bordeaux ; elle ordonna que des Décrets des Universitez
d'Angers & de Poitiers, trois Arrests du Conseil d'Etat, & une Lettre de
celle de Poitiers qui avoient esté adressez au Recteur, seroient trans-
crits sur les Registres, pour y avoir recours dans l'occasion.

Cette décision déplût aux Moines, ils résolurent d'en empêcher l'effet,
ils se liguerent entr'eux. Tous les ordres qui avoient chez eux des Professeurs dans l'Université, les engagerent à se rendre dans le lieu où l'Université s'assemble, il s'y trouverent en effet, ils voulurent absolument détruire ce Décret, & ils y réüssirent : Voici ce qu'ils mirent à côté de
l'endroit du Registre sur lequel il estoit couché. *Hæc omnia quæ hoc nego-
tium spectant fuerunt hic inserta autoritate privata, quare ex deliberatione Academiæ Universæ jussum est hæc omnia abradi & pro nullis haberi ; hoc presens Décre-
tum antecessores omnes renuente Domino pro Rectore & Nolente subscribere licet
pars major Academiæ id censuerit, subscripserunt Doctores Regentes majorem partem
efficentes.*

Il n'estoit pas étonnant que ce Décret fut signé par la majeure, puisque les Religieux choisirent le moment qu'ils estoient seuls dans l'Assemblée de l'Université avec le pro-Recteur ; aussi voit-on que ce Décret n'est
signé que des seuls Professeurs Religieux, & que le Protecteur refusa de
le signer ; c'est ce qui estoit arrivé toutes les fois que l'Université avoit
voulû reclamer le droit dont il s'agit : mais si elle a enfin trouvé le moment favorable de revendiquer, sans aucun obstacle, un droit qui lui
apartient, lui fera-t'on un crime de ce que quelqu'autres Universitez
obsedées par le grand nombre des Professeurs Religieux, comme l'avoit
esté celle de Bordeaux, n'auront encore pû se faire entendre ?

3°. Dès qu'on a démontré que le non usage de l'Université de Bordeaux ne pouvoit lui estre oposé, combien à plus forte raison celui des
autres Universitez ne pourra-t'-il lui préjudicier ? si la régle, *alteri per
alterum iniqua conditio inferri non potest*, a lieu entre particuliers quoique
Consorts, elle sera bien plus certaine de compagnie à compagnie, sur
tout quand c'est le bien publique qui s'y trouve engagé.

4°. Pour que le prétendu exemple des autres Universitez peut être
tiré à consequence contre celle de Bordeaux, il faudroit commencer par
établir que lorsqu'il y a eû des Universitez qui ont reclamé ce droit, elles
en ont esté privées, *propter non usum* ; un argument pris *ex non usu*, ne pou-
vant jamais estre écouté en fait de droit apartenant à des Compagnies ;
mais les Religieux ne raporteront aucun exemple semblable, & les Su-

plians prouveront que ç'a n'a jamais esté en vain que des Universitez ont reclamé ce droit.

5°. Il suffiroit qu'une seule Université du Royaume eut conservé ce droit, pour que sa possession fut commune à toutes les autres Universitez, parce qu'elle ne l'auroit que par un attribut general, & commun à toutes les autres Universitez.

6°. Dès que la demande de l'Université est fondée en titres, dès qu'il y va du bien & de l'avantage du public de maintenir son Décret, dès que par cette voye elle conserve sa celebrité, dès qu'elle maintient par là le titre, le motif, & la fin de son établissement, elle se trouveroit la seule Université du Royaume à reclamer ce droit, sans qu'on pût lui en faire un crime.

7°. Enfin la pretenduë attestation de la Sorbonne ne seroit au fonds d'aucun secours aux Religieux. La Sorbonne est un College respectable; mais tout respectable qu'il est, ce n'est qu'un College particulier, qui par lui-même ne peut se mêler des Theses qui se soûtiennent chez les Religieux; c'est à la Faculté de Theologie de l'Université de Paris, dont la Sorbonne n'est qu'un membre, à prendre dans ces Assemblées en consideration les entreprises des Ordres Religieux, & à s'expliquer sur les abus qu'ils ont introduit depuis peu dans leurs Ecoles & Etudes, & dans lesquels ils veulent se maintenir.

Il y a plus, c'est que cette Faculté elle-même toute entiere ne peut former une conclusion décisive contre les Universitez, sans le concours des autres Facultez, avec lesquelles seulement elle peut former une conclusion generale de l'Université.

Or les Ordres Religieux n'ont aucune attestation ni de l'Université de Paris en Corps, ni de la Faculté de Theologie, ni même de la Sorbonne sur la question dont il s'agit; celle qu'ils ont surpris ne vient que du sieur de Romigny actuellement Syndic de cette Faculté, qui sans entrer dans la question de droit, déclare seulement l'usage qu'il a vû suivre de son tems par ses Predecesseurs; mais si on avoit demandé & si on demandoit à l'Université de Paris, à la Faculté de Theologie, & à son Syndic leurs sentimens sur tous les cas qui font le sujet de la contestation, leur reponse ne seroit certainement pas favorable aux Religieux; il seroit heureux pour les Suplians que V. M. voulut ordonner que cette Université & cette Faculté seroient interrogées sur toutes les propositions qu'on a déja expliquées, & qu'on va encore resumer ici.

La premiere; les Ecoles des Religieux, sont-elles des Ecoles publiques?

La deuxiéme; que doit-on, & que peut-on enseigner dans ces Ecoles?

La troisiéme; quelles Ecoles doivent-ils frequenter pour faire leurs cours?

La quatriéme; sont-ils dans le droit de soûtenir des Actes publics, à portes ouvertes, & des Theses Imprimées jusques dans les lieux où il y a des Universitez?

La cinquiéme; au cas qu'ils soûtiennent ces Actes publics avec multitude d'Auditeurs, & des Theses Imprimées, ne doivent-ils pas auparavant faire examiner ces Theses publiques par les Docteurs Regens de la Faculté dont les Theses traitent?

La feptiéme enfin ; ne doivent-ils point affigner des places à l'Univefité pour eftre l'arbitre de la difpute , ne doivent-ils point prendre d'elle le jour & l'heure pour foûtenir ces Thefes publiques ?

Tout ce que les Suplians fouhaiteroient , S I R E , feroit que V. M. voulût bien leur permettre de s'en raporter aux reponfes qui feroient faites fur toutes ces propofitions par l'Univerfité de Paris : Inftruite des Ordonnances & des Loix du Royaume elle décideroit. 1°. Que les Ecoles des Religieux ne font que des Ecoles particulieres , (a) 2°. Qu'on ne doit, & qu'on ne peut y enfeigner que les bonnes & faintes Lettres , & ce qui peut former les jeunes freres en mœurs & difcipline monaftique , (b) 3°. (c) Que les titres de cours de Philofophie & de Theologie ne conviennent point aux Etudes Monaftiques ; mais feulement aux Etudes des Univerfitez , (d) 4°. Qu'afin que les Religieux ayent des Sujets inftruits dans les autres matieres , & fur tout dans celles qui concernent les maximes de l'Etat , & les Libertez de l'Eglife Gallicanne , ils doivent entretenir aux Ecoles & Univerfitez , tel nombre de Religieux que le revenu de l'Abbaye , Prieuré , ou Convent pourra raporter , (e) 5°. Que les Ordres Religieux ne peuvent faire des exercices qu'en particulier , fans y apeller les Etrangers , & fans multitude d'Auditeurs , qu'à plus forte raifon ils ne peuvent faire Imprimer les Thefes ni les diftribuer , ni les répandre dans le public , (f) 6°. Qu'au cas qu'il plût à V. M. leur permettre cette publicité , qu'il eft de regle & de la Police de vôtre Royaume que ces Thefes foient examinées & aprouvées par les Docteurs Regens de la Faculté dont elles traitent , que ces Docteurs Regens & Maîtres doivent avoir des places , & qu'ils doivent indiquer les jours & heures aufquelles ces Actes fe foûtiendront , par empêcher le concours de ces Actes avec ceux des Univerfitez , & ne pas préjudicier à la celebrité de leurs derniers Actes. (g)

Ces réponfes que ne manqueroit pas de faire l'Univerfité de Paris , fe trouvent écrites dans toutes les Loix , dans toutes les Ordonnances , & dans tous les Arrefts que les Suplians ont déja cité , elle pourroit y en ajouter d'autres & porter des motifs encore plus puiffans , parce qu'eftant à la fource , elle doit eftre mieux inftruite de ces matieres.

Que deviendront dans ces circonftances les atteftations qu'on a fupris du Syndic de la Sorbonne , & de certains Officiers de quelqu'autres Univerfitez ? que deviendra ce prétendu non ufage & deffaut de poffeffion ? pourra-t'-on balancer un moment à croire que le droit reclamé par les Suplians ne foit un droit autorifé par les Loix , & par les Ordonnances les plus refpectables qui font aujourd'hui dans toute leur vigueur , & qui forment dans le Royaume une Jurifprudence certaine.

Mais il y a encore quelque chofe de plus fort , c'eft que c'eft en execution de toutes ces Loix & Ordonnances , que V. M. décida le 31 Janvier 1721. en faveur de l'Univerfité de Poitiers , précifément la mème queftion , que celle dont on attend aujourd'hui la décifion : comme ce point de la caufe eft abfolument décifif , on a crû devoir en faire une propofition particuliere , c'eft celle qu'on va examiner.

(a) Ils en conviennent eux-mêmes.
(b) C'eft l'Art. XXV. de l'Ordonnan. de Blois.
(c) C'eft le même Art.
(d) C'eft une fuite de cet Art.
(e) C'eft le reglement porté par la Bulle de Paul III. les Patentes d'Henry II. de 1547. & l'Arreft d'enregiftrement de 1549. & la même Ordonnance de Blois pour tout le Royaume.
(f) C'eft l'ancien ufage fondé fur la Loy , le furplus eft abufif.
(g) C'eft l'Ordonnan. de 1692. & le Privilege des Univerfitez fondé fur les Bulles & les Patentes de leur établiffement,

TROISIE'ME PROPOSITION.

L'Arreſt du Conſeil d'enhaut rendu le 31. Janvier 1721. en faveur de l'Univerſité de Poitiers, doit être declaré commun avec l'Univerſité de Bordeaux.

Pour parvenir à cette démonſtration, il faut établir. 1°. Que la conteſtation qui fut jugée entre l'Univerſité de Poitiers, & les Peres Minimes de la même Ville, étoit abſolument la même dans toutes ces circonſtances, que celle qui eſt aujourd'hui pendante entre l'Univerſité de Bordeaux & les Ordres Religieux qui y ſont eſtablis. 2°. Que l'Arreſt qui intervint fut rendu en Theſe & ſur un droit general à toutes les Univerſitez. Or rien de plus aiſé que la preuve de ces deux points.

Le premier trouvera ſa déciſion dans la ſeule comparaiſon qu'on fera des demandes que faiſoit l'Univerſité de Poitiers, avec celles que forment aujourd'hui les Suplians.

Commençons par raporter la teneur des Concluſions que l'Univerſité de Poitiers avoit priſes. Elles tendoient à ce que les Ordonnances, Arreſts, & Reglemens concernant les Univerſitez, & notamment l'art. 70 de l'Ordonnance de Blois ſeroient executez ſelon leur forme & teneur, qu'elle fût en conſequence maintenuë & gardée dans le droit & la poſſeſſion, d'avoir la Preſidence, la direction, & la moderation à toutes les Theſes & diſputes publiques; ce faiſant, qu'il fut fait deffenſes aux Minimes de ſoutenir aucunes Theſes qu'elles neuſſent eſté examinées & aprouvées par le Syndic de la Faculté dont elles dépendroient, ſans avoir pris le jour & l'heure du Recteur pour la faire ſoutenir, & ſans y inviter l'Univerſité qui auroit la Preſidence, la direction, & la moderation.

L'Arreſt contradictoire qui intervint ſur ces Concluſions & demandes leur eſt entierement conforme, il ajoûte ſeulement une clauſe par laquelle il diſpenſe les Minimes d'aller aux Profeſſeurs de l Univerſité, lors que dans l'interieur de leur maiſon, ils feront des exercices pour l'inſtruction de leurs jeunes Religieux.

Quelles ſont maintenant les demandes des Suplians ? ſont-elles différentes de celles de l'Univerſité de Poitiers qu'on vient de raporter ? non, abſolument les mêmes, elles ſe réduiſent à faire ordonner que l'Arreſt rendu en faveur de l'Univerſité de Poitiers, ſoit declaré commun avec celle de Bordeaux.

Les Décrets dont elle demandoit l'homologation au Parlement de Bordeaux, contenoit également les mêmes diſpoſitions que celles de l'Arreſt rendu en faveur de l'Univerſité de Poitiers, ils eſtoient copiez mot pour mot ſur cet Arreſt, il fût produit au Parlement de Bordeaux; on y prouva que l'Univerſité de Poitiers ne pouvoit avoir une Juriſdiction & des Privileges plus étendus que l'Univerſité de Bordeaux, que l'établiſſement, les fonctions de ces deux Univerſitez eſtoient abſolument les mêmes, que le baſe de leur inſtitution, leurs principales fonctions, & leur droit inconteſtable eſtoient d'examiner les Theſes, & de veiller à la Doctrine qu'on enſeigne publiquement, & qu'il n'y avoit point de raiſon pour que l'une de ces deux Univerſitez, joüit plutôt de ce droit, que l'autre.

Il ſeroit difficile de trouver une uniformité, une identité plus claire entre

tre deux contestations, elles ne different pas même par l'époque des tems où elles ont parû ; puisque celle qui est à juger fût portée au Parlement de Bordeaux, d'abord après que la décision de celle qui concernoit l'Université de Poitiers fut prononcée par V. M.

Le deuxiéme point, qui est que le motif de cet Arrest est general & commun à toutes les Universitez, se démontre tout aussi clairement.

On ne peut douter que cet Arrest ne soit un Reglement pour toutes les Universitez du Royaume, il fait loi pour toutes ; sa seule lecture le prouve, il porte que les Ordonnances, Arrests, & Reglemens, ce concernant seront executez selon leur forme & teneur ; aussi tous les Moines de Poitiers l'éxcutent-ils ?

Il n'y a pas même de difference entre les deffenses qui étoient fournies alors par l'Université de Poitiers & les Minimes, & celles qui paroissent aujourd'hui tant de la part des Suplians, que de celle des Religieux ; il s'y agissoit tout comme aujourd'hui principalement de l'explication de l'art. 70. de l'Ordonnance de Blois, & des Edits, Déclarations, & Arrests du Conseil qu'on a expliqué. Les Minimes tâchoient d'éviter leur execution par les mêmes exceptions, que les Religieux apellent aujourd'hui à leur secours, pour s'empêcher de les exécuter.

L'argument qui résulte de cet Arrest rendu en faveur de l'Université de Poitiers, ne sera pas détruit par la fausse suposition que l'Université de Poitiers estoit dans la possession d'examiner les Theses des Minimes.

Cet Arrest est décisif contre tous les Ordres Religieux établis dans des Villes où il y a des Universitez, il a esté rendu en vertu de l'art. 70. de l'Ordonnance de Blois, & de differens Edits, Déclarations, & Arrests du Conseil, qui ont parlé à ce sujet. Les dispositions de tous ces Titres forment autant de Loix generales qui envelopent & qui lient les Ordres Religieux dans la Ville de Bordeaux, comme les Minimes de la Ville de Poitiers.

D'ailleurs on a prouvé que le droit reclamé par les Suplians est un droit imprescriptible, auquel on ne peut oposer un deffaut de possession.

Mais dans le fait il est certain que cette pretenduë possession des Minimes ne pouvoit avoir servi de fondement à cet Arrest ; son seul vû prouve le contraire. Il paroît que ce n'est qu'en 1706. que cette Université quoi que érigée dès l'an 1431. avoit commencé à user de son droit ; encore cette possession n'étoit-elle prouvée que par un, ou deux Actes.

Il en est de même de la pretenduë affiliation des Minimes à l'Université de Poitiers.

Cette affiliation est une veritable chimere ; la concession de quelques bâtimens, qu'on dit avoir esté faite par l'Université de Poitiers en faveur des Minimes, n'est point une marque de leur affiliation à l'Université ; ç'a n'auroit point esté un motif qui eut pû assujetir leurs Theses à l'examen de cette Université ; & s'il estoit vrai que les concessions gratuites que les Universitez peuvent faire aux Religieux, les soumettent plus specialement aux Loix des Universitez, que les autres ; la prétention de l'Université de Bordeaux n'en deviendroit que plus certaine, puisque le plus grand nombre des Ordres qui s'oposent à l'exécution de ses Décrets, lui sont affiliez par la concession qu'elle leur a fait de toute la Faculté de Théologie qui la compose.

H

Ainſi donc la Loi prononcée par V. M. en faveur de l'Univerſité de Poitiers eſt commune à toutes les Univerſitez du Royaume, ainſi la queſtion qui a eſté jugée alors eſt la même dans toutes ſes circonſtances, que celle dont il s'agit aujourd'hui, ainſi l'Arreſt rendu pour l'Univerſité de Poitiers, doit être declaré commun avec les Suplians.

Un droit qu'on a établi ſur les Loix & Ordonnances, ſur la Juriſprudence inconteſtable du Royaume, & ſur un Arreſt rendu par V. M. abſolument dans les mêmes circonſtances, & pour ainſi dire entre les mêmes parties ſemble aſſez aſſuré, & n'avoir beſoin d'aucune autre preuve; on va cependant encore montrer qu'il ne peut porter d'ateinte au jugement des Evêques ſur la Foi.

QUATRIE'ME PROPOSITION.

L'Examen des Theſes ſoumis aux Univerſitez n'a jamais pû bleſſer le jugement des Evêques ſur la Foi.

„ C'eſt bien inutilement que les Religieux opoſent que l'Edit de 1683.
„ ſoumet les Theſes & les Ecrits des Profeſſeurs des Univerſitez à l'Exa-
„ men des Archevêques & Evêques; que l'Edit du mois d'Avril 1695.
„ declare que le jugement de la Doctrine leur apartiendra, que le Con-
„ cile de Trente ne ſoumet la Doctrine & les Ecrits imprimez des Reli-
„ gieux qu'à l'Examen de l'Ordinaire & de leurs Superieurs; que l'Ecri-
„ ture, la Tradition, & les Conciles, & les Edits de nos Roys ne recon-
„ noiſſent des Juges de la Doctrine que les Archevêques & Evêques;
„ que la Doctrine des Religieux, des Univerſitez mêmes & de leurs
„ Supôts, eſt ſoumiſe à l'Examen des Prélats, qu'il n'y avoit point dans
„ ces beaux ſiécles de l'Egliſe d'autres Ecoles publiques de la Religion,
„ que les Egliſes mêmes, d'autres Maîtres des ſaintes Lettres, que les
„ Evêques.

A quoi bon ce pompeux étalage d'érudition, & cette multiplication de phraſes qui ne peuvent ſervir à décider la queſtion. L'Univerſité de Bordeaux ne prétend avoir d'autre jugement qu'un jugement Doctri-nal, un jugement d'avis & de Conſeil: cet avis Doctrinal n'a rien de commun avec le jugement ſur la Foi, & ſur la Doctrine qui eſt reſervé aux Evêques; ces ſeuls Prélats ont le pouvoir de condamner une hereſie & un Heretique *in formâ & figura judicii.*

Le droit d'examiner les Theſes qui eſt particulier aux Univerſitez, eſt entierement ſeparé de celui de juger de la Foi & de la Doctrine qui apar-tient aux Evêques. La difference de ces droits eſt ſi conſtante que tous les Livres qui s'impriment aujourd'hui ſont aſſujettis à la réviſion de cer-tains Examinateurs prépoſez, qui quoi qu'ils ne ſoient point dans l'Epiſ-copat, déclarent neanmoins, ou qu'ils n'ont rien trouvé de contraire à la Foi dans l'ouvrage qui leur eſt preſenté, ou ils font rejetter ce qu'ils y peu-vent trouver d'irregulier & de contraire à la Doctrine Chrétienne; il fut rendu un Arreſt contradictoire au Conſeil le 18 May 1632. entre l'Arche-vêque de Toulouſe & l'Univerſité de la même Ville, qui établit quelle eſt cette difference; il porte entre autres diſpoſitions que le Recteur aura la direction & moderation des Theſes en la forme accoutumée.

On produit pluſieurs autres Arreſts du Parlement de Toulouſe qui maintiennent l'Université de Cahors, dans le droit d'examiner les Theses.

Quant à la citation que les Religieux font du Concile de Trente, elle ne peut être écoutée. Personne n'ignore en France qu'il n'y a jamais esté reçû pour ce qui concerne la discipline ; les Etats de Blois furent tenus posterieurement au Concile, on se conforma dans quelques-uns des articles de l'Edit qui porte leur nom à ce qui avoit déja esté decidé par le Concile de Trente ; mais on n'y suivit point ses dispositions au sujet de la matiere dont il s'agit, elle fut dirigée & prescrite par un article particuculier de cet Edit qui est le 70. qui differe totalement du Concile de Trente dans ce point, la Loi qu'il forme dans le Royaume est la seule qu'on y doive suivre.

Les Suplians, SIRE, reconnoissent toute l'étenduë du droit qui est reservé aux Evêques, ils sçauront l'apuyer sur des fondemens plus solides que ceux sur lesquels les Moines veulent le fonder, ils disent (& ce discours est reprehensible) que le droit que les Evêques ont de juger de la Doctrine vient de ce qu'il n'y avoit point dans ces beaux siécles de l'Eglise d'autres Ecoles publiques de la Religion que les Eglises mêmes, d'autres Maîtres des saintes Lettres que les Evêques, lors qu'ils auroient dû dire que leur droit vient de leur caractere, & qu'il est d'Institution Divine comme Vicaires de J. C. enfin ce qu'ajoutent les Religieux qu'il n'y a point dans le monde Chrétien de Jurisdiction plus ancienne ni plus respectable, ni mieux établie que celle des Evêques en matiere de Doctrine, est trop foible quand il s'agit d'une Jurisdiction que Dieu lui-même a conferée aux Evêques.

Le Décret de l'Université de Bordeaux n'est donc point un Décret injurieux à l'Episcopat, le Parlement pouvoit l'adopter sans renverser l'Ordre Hierarchique, sans blesser l'autorité de l'Ecriture, des Peres, des Conciles & sans contrevenir aux Edits des mois de Mars 1682. & Avril 1695.

L'Université de Bordeaux aura pleinement rempli l'objet qu'elle s'est proposée en commençant sa Requeste si elle establit la necessité de ses Décrets, & l'utilité qu'on doit en attendre ; c'est le sujet de sa derniere proposition.

CINQUIE'ME ET DERNIERE PROPOSITION.

Il y a un grand bien à esperer de l'execution des deux Décrets dont il s'agit ; il y auroit un grand inconvenient à ne pas les executer.

Cette preuve dépendra principalement de la refutation qu'on va faire de l'inutilité, des inconveniens que les Religieux veulent faire trouver dans ces Décrets, & des suites facheuses qu'ils soûtiennent devoir naître de leur execution.

Les Religieux en presentant à V. M. le détail de ces prétenduës inconveniens, n'ont pû abandonner l'esprit de vanité, & de la satire.

Vôtre Université de Bordeaux l'a declaré, SIRE, dès le commencement de sa Requeste ; on ne la verra point s'écarter de la moderation qu'elle si est prescrite : penetrée elle-même de la sagesse qu'elle enseigne aux autres, elle n'entrera point dans la passion qui guide tous les discours, & toutes les démarches de ses adversaires.

Mais s'ils adreſſent des ſatires aux Univerſitez, on a du moins la conſolation de les trouver ſur le champ démenties par tous les ſçavans qui ont eû occaſion de parler de ces Corps celebres. Que répondront-ils, par exemple, à l'Autheur de l'Hiſtoire Eccleſiaſtique, quand ils l'entendront dire que le Corps des Univerſitez aſſemblé a eſté ſuſcité de Dieu même, pour ſauver dans les derniers tems la tradition de la Doctrine & de la Diſcipline, qu'on leur doit l'extinction du grand ſchiſme d'Avignon, & que leurs cenſures furent d'un grand poids pour arrêter le torrent des dernieres hereſies. (a)

(a) M. l'Abbé Fleury, p. 370. des mœurs des Chrétiens.

N'y auroit-il point du danger de ſe repoſer ſur les promeſſes & aſſurances que font les Religieux de ne point introduire des nouveautez contraires aux maximes de l'Etat ? l'objet de montrer de l'inutilité dans les Décrets des Suplians, n'a-t'-il point plus de part à ce langage que la ſincerité du cœur ? depuis quand donc auroient-ils ceſſé de méconnoître, & même de combattre les maximes du Royaume, les Droits ſacrez de la Couronne, & les Libertez de l'Egliſe Gallicanne ? déſavoüeroient-ils, leur Inſtitut & les Vœux qui les engagent à porter une obéiſſance aveugle à un General Etranger, abſolument opoſé à nos ſaintes libertez ?

Mais ſans entrer dans cet examen, une ſeule obſervation leur ſera faite. Plus vous voulez perſuader, leur dira-t'-on ? qu'il n'y a à craindre de vôtre part aucunes nouveautez, & rien qui ſoit contraire à la pureté de la Religion ; plus vous devez montrer de l'empreſſement à vous ſoûmettre aux Décrets de l'Univerſité ; vous ne lui preſenterez qu'une ſaine Doctrine conforme aux maximes de l'Etat, & elle vous aplaudira ; vous n'aurez point tombé dans cette nouveauté de termes, qui en donnant un faux ſens aux ſentimens les plus ortodoxe, renferme des écueils ſi dangereux, & elles vous comblera d'éloges ; alors vous ne verrez plus d'inutilité dans l'execution de ces Décrets, vous les trouverez au moins neceſſaires pour vous raffermir dans vos doutes, & pour vous encourager à toujours marcher dans les voyes, qui ſeules peuvent conduire au bien de l'Etat ; ils n'auront plus pour vous ces Décrets que des ſujets de loüange, & de gloire.

Qu'il ſeroit à ſouhaiter que ces ſentimens ſincerement écrits dans les cœurs des Moines, ne ſe trouvaſſent point démentis dans la Requeſte qu'ils ont preſentée à V. M : voici le langage qu'ils y tiennent.

OBJECTION.

Ils ont produit ſi on veut les en croire, des milliers d'hommes choiſis de la main de Dieu même, que leurs Monaſteres ont fourni à la Religion & aux ſciences.

Après avoir répandu ſur eux-mêmes cet encens & ces vaines louanges, ils attaquent de la maniere la plus vive generalement toutes les Univerſitez ; ſi nos maiſons ont eû des Apoſtats, diſent-ils, au moins n'a-t'-on pas vû nos Ordres entiers errer en matiere de foy, lors qu'au contraire des Univerſitez celebres ont tombé en Corps dans l'hereſie.

RE'PONSES.

Mais à quoi bon ces éloges pour les Moines, & cette ſatire contre les Univerſitez ? quel eſt donc l'objet qui a dû leur faire trouver place ici ; car enfin outre que les queſtions qui naîtroient à ce ſujet ſont très-indifferentes à la cauſe ſoûmiſe à la déciſion de V. M. c'eſt qu'on ne trouvera certainement rien, ſoit dans la maniere dont ſont conçûs les Décrets des Suplians, ſoit dans ce qu'ils ont dit au Procez, qui ait pû donner lieu à l'étalage de ces loüanges, & encore moins à la critique faite contre les Univerſitez.

Critique

Critique dans le fonds aussi injuste, & méprisable, qu'elle est mal placée on n'impute point à des Corps celebres des chûtes aussi tristes, & scandaleuses sans en aporter des preuves & des exemples; c'eut été au plus une question à proposer, & encore avant que de la résoudre, l'affiliation des Religieux à plusieurs Universitez du Royaume, devoit-elle les faire reflêchir & balancer sur le parti qu'ils auroient eû à prendre à ce sujet.

La maniere même dont ils ont donné à entendre ce trait d'histoire est une veritable calomnie.

S'il arrivoit par exemple que quelques Religieux d'un Monastere ayant abandonné leur premiere Religion pour embrasser l'Heresie, on en chassat ceux qui ne voudroient pas faire comme eux, & qu'on ne substituat à leur place que des Sujets qui seroient aussi Heretiques, avec deffenses d'y recevoir ceux qui penseroient autrement, s'ensuivroit-il que tout ce Monastere seroit tombé dans l'Heresie ? c'est ce qu'on ne pensera jamais.

C'est cependant tout ce qui est arrivé aux Universitez, qui de Catholiques qu'elles étoient sont à present entre les mains des Heretiques & des Schismatiques, c'est le sort qu'ont éprouvé les Universitez d'Oxfort, de Cambridge & de Wistemberg ; un petit nombre de Maîtres de ces Universitez pensa comme Luther, comme Calvin, il fut apuyé par des interests politiques; on chassa peu à peu ceux qui demeuroient attachés à l'ancienne Doctrine, & ces Illustres témoins de la verité & de la foy de leurs peres & de leurs Predecesseurs, fugitifs en France, dans les Pays bas, en Espagne, & à Rome, y vinrent déposer les derniers sentimens de leurs compagnies, les Heritiques s'emparerent de leurs Titres, de leurs Ornemens, de leurs Chaires, & de leurs Pensions, sont-ce là des cas qui soient deshonnorans aux Universitez ? Y a-t'il dequoi apostropher & faire le Procès à des Corps aussi celebres ? Sont-ce des moyens qui prouveront que les Décrets des Suplians sont inutiles ?

Sera-ce encore une autre inutilité dans ces Décrets de dire qu'ils ne OBJECTION. sont pas motivez ?

Deux raisons détruisent absolument cet argument.

1°. La Loy du Prince que ces Décrets rapellent n'est-elle pas par elle- REPONSES. même un motif assez puissant, & peut-elle avoir besoin qu'on la motive ?

2°. Si l'Université n'a pas expliqué les circonstances particulieres qui ont déterminé son Decret, c'est qu'elle a crû pouvoir user d'un droit qui lui étoit acquis, sans laisser dans ses Registres des Notes qui fussent deshonorantes aux Religieux ; elle a voulu arrêter le mal sans insulter ceux d'où il venoit, c'est vouloir luy faire un crime de sa prudence & moderation, que de lui adresser un semblable reproche.

Les menaces que font ces Religieux que l'Université ne les empêchera pas au moins de faire ce qu'ils voudront dans l'interieur OBJECTION. de leur Cloître, dans leurs Ecrits, dans leurs Sermons, & dans les Villes où il n'y a point d'Université, & la prétendue erreur du Docteur Examinateur, fourniront-ils de nouvelles preuves de l'inutilité de ces Decrets ; non certainement.

Ces vaines déclamations n'inspireront ni terreur, ni crainte, elles re- REPONSES tomberont sur les Moines mêmes.

A la vûe même de ces maux qui font si foüvent arrivez, & qui peut-être fubfiftent aujourd'huy, & qu'on ofe annoncer jufques devant V. M. elle apercevra fans doute les motifs importans qui déterminerent les Etats de Blois à ne permettre dans les Monafteres & Convents qu'un Précepteur bon & notable Perfonage, bien ftipendié & bien entretenu, pour inftruire les jeunes Freres ès bonnes & faintes Lettres, les former en mœurs & difcipline Monaftique, & à ordonner que pour aprendre les autres fciences & maximes de l'Etat, les Abbez, Convents, & Prieurs Conventuels feroient tenus d'envoyer dans les Univerfitez un certain nombre de Religieux.

Mais fuivons chacun de ces inconveniens & maux à craindre.

OBJECTION. On ne fçauroit vous empêcher, dites-vous, de foutenir la Doctrine que vous jugerez à propos dans les Villes de la Province, où il n'y a point d'Univerfité.

REPONSES. Votre Univerfité de Bordeaux l'avoue, SIRE, l'imprudence des Religieux eft telle qu'elle peut faire naître des inconveniens dans les differentes Villes où elle n'a point de Direction : mais mortifiée de n'avoir pas affez d'autorité pour chercher ces maux dans tous les lieux où ils peuvent fe multiplier, elle n'en doit pas moins remplir fes devoirs; au contraire elle en doit ranimer fon zele pour ce qui fe paffe fous fes yeux, parce que c'eft dans les grandes Villes que fe trouve le grand & le principal objet. La doctrine des Maifons Religieufes qui font dans les grandes Villes, décide toujours pour celles des Monafteres qui en dépendent.

OBJECTION. Nous pourrons, continuez-vous, gliffer des erreurs dans les Thefes qui fe foutiendront dans l'interieur du Cloître.

REPONSES. L'Univerfité l'avoue encore, elle fçait qu'elle n'a aucune Jurifdiction dans l'interieur du Cloître, elle n'y prétend rien : mais malheur à ces Religieux s'ils ne fe conduifent pas bien. Ces idées, cette maniere de penfer font trop dangereufes, elles trouveroient un remede falutaire dans ce que les Etats de Blois ont prefcrit à ce fujet, au moins l'Univerfité empêchera-t-elle que ces erreurs, ces maux ne fe communiquent au dehors.

Vos Docteurs peuvent errer eux-memes, ajoutent les Moines.

OBJECTION. C'eft un autre fait dont l'Univerfité ne difconvient également point,
REPONSES. elle fçait qu'elle n'eft point infaillible; mais dés qu'elle eft établie par le Prince, dès que c'eft de lui qu'elle tient fa Jurifdiction, la préfomption fera toujours qu'elle fuit les regles d'une faine doctrine, de laquelle elle eft comprable à V. M. & à fes Superieurs; fi ces argumens des Religieux avoient lieu, tout examen devroit être déformais banni; puifqu'il eft certain qu'il n'y a point d'Examinateur infaillible.

Telles font les Réponfes des Suplians aux prétendues inutilitez, & inconveniens qu'on impute à leurs Decrets, ils vont détruire avec la même force les fuites fâcheufes qu'on prétend en devoir naître.

Ces fuites fâcheufes font extrêmes, s'écrient les Moines; car enfin fi ces Decrets fubfiftoient, nous le proteftons, difent-ils, nous prendrions
OBJECTION. le parti de ne plus faire imprimer de Thefes, nous n'y inviterions plus les Religieux des autres Ordres; d'ailleurs quoi de plus incommode pour des hommes vouez aux faints Autels, que de faire dépendre leurs Exer-

cices d'une Univerſité dont l'heure ſeroit ſouvent celle de l'Office Divin.

Ce n'eſt point à l'Univerſité de Bordeaux à dire ſon avis ſur la ré- REPONSES.
ſolution que ces Religieux proteſtent de prendre dans le cas que les
Decrets dont il s'agit auront lieu. Elle ſe contentera d'obſerver qu'il
paroît par tous les Actes qui ont été produits, que rien ne peut être
plus avantageux à l'Etat que de les prendre au mot, & d'ordonner pour
éviter que l'erreur ne pénetre dans leurs Maiſons, qu'ils entretiendront
dans les Univerſitez des Religieux pour y faire leurs cours, s'inſtruire des
Sciences ſuperieures, des Maximes de l'Etat, & de nos ſaintes libertez.

A l'égard du trouble qu'ils apréhendent que ces Decrets ne jettent
dans leurs Exercices, & Offices Divins, c'eſt, on l'a déja dit, un trouble feint & ſimulé. Les Religieux, il faut l'avouer, pratiquent une ſorte
d'humilité que les autres hommes ne connoiſſent point; le parallele
qu'ils ſont icy, entre eux & l'Univerſité de Bordeaux, ne ſeroit point
permis à des Seculiers. Les Religieux ſont vouez aux ſaints Autels, &
l'Univerſité eſt une Compagnie qui ne prend pour l'heure de ſes Exercices que celle des Offices Divins, c'eſt preſenter à V. M. une idée de
l'Univerſité de Bordeaux & en faire un tableau qui ne lui reſſemble
en aucune façon; ce n'eſt point, SIRE, une Compagnie prophane,
ni une Compagnie de Gentils qui ſoit ſans égard pour l'Office Divin;
elle eſt auſſi religieuſe obſervatrice des Loix de l'Egliſe que les Religieux
pourroient l'être; c'eſt faire injure à la ſainteté des principes & de la regle
qui conduiſent toutes ſes démarches, de croire qu'elle eſt capable de cau-
ſer du dérangement, & de placer des Theſes chez les Religieux pendant leur Office.

Il n'y a donc point d'inutilité dans ces Decrets, point d'inconveniens, point de ſuites fâcheuſes à craindre de leur execution; l'Univerſité ſoutient plus, ils ſont abſolument neceſſaires & leur inexecu-
tion ſeroit préjudiciable au bien de l'état.

Les obſervations qu'on vient de faire, les differents évenemens arrivez dans les derniers tems, & les Theſes ſoutenues à Bordeaux, dont
on a déja rendu compte à V. M. fourniſſent une preuve bien com-
plette de cette derniere Propoſition.

Les Religieux s'imaginent excuſer le reproche qu'on leur fait ſur la OBJECTION.
premiere Theſe qui fut ſoutenue chez les Cordeliers, en diſant que la
Propoſition raportée par l'Uviverſité eſt captieuſe, & qu'on en juſti-
fiera la Doctrine, quand l'Univerſité ſera de bonne foy.

Mais une propoſition qui a cauſé du ſcandale doit certainement avoir REPONSES.
quelque deffaut, celle des Cordeliers de l'aveu des Parties eſt captieuſe,
c'eſt ſon deffaut; & c'eſt ne s'engager à rien de promettre qu'on la ju-
ſtifiera quand l'Univerſité ſera de bonne foy, parce qu'on ne voudra
jamais convenir qu'elle ſoit de bonne foy.

Sur la Theſe ſoutenue chez les Minimes, on dit que ces Peres n'ont
point nié les eſpeces, ou accidens Euchariſtiques.

On n'accuſe point les Minimes de les avoir niez, c'eſt la Theſe OBJECTION.
qu'on accuſe. Le Soutenant pouvoit bien penſer, & s'être mal exprimé, REPONSES.
or c'eſt pour apprendre aux Religieux à bien exprimer leurs penſées,
& à ne point introduire des termes nouveaux, (a) à ſe ſervir de mots (a) Ut vocum
propres, & conſacrez dans les Ecoles, que leurs Theſes doivent être novitates fugiant.

examinées , avant de paroître en public.

A l'égard de la Thefe qui fut foutenue chez les Peres Benedictins, les Religieux prétendent qu'elle n'a point été imprimée.

Mais ne fuffit-t'il point qu'ils avouent qu'elle a été fuprimée, c'eft certainement convenir qu'elle étoit fcandaleufe : fcandale qui a été très-public ; puifqu'il eft conftant que plufieurs Exemplaires de cette Thefe furent diftribuez à Bordeaux , & qu'elle y fut foutenue publiquement : fi l'Univerfité avoit examiné cette Thefe avant qu'elle parût , auroit-elle caufé du fcandale ;

On pourroit raporter icy un nombre infini d'autres abus qui fe gliffent infenfiblement dans le Royaume , par les entreprifes & les nouveautez aufquelles fe portent chaque jour les Religieux ; ces differents évenemens ne font que trop connus.

Ce feroit donc s'opofer au bien & à la tranquilité de l'Etat, que d'empêcher l'execution de ces Decrets.

D'abord après l'Arreft du Parlement de Bordeaux qui deffendit l'exécution des Décrets dont il s'agit, on vit tous les ordres ajouter de nouvelles marques de publicité, & de folemnité à leurs Actes, & exercices.

Les Peres Minimes parurent les premiers fur la fcene après cet Arreft ; il ne fut pas plûtôt rendu qu'ils firent imprimer une Thefe de Théologie ; ils la dédierent au fieur Defpujols Chanoine & Vicaire General de M. l'Archevêque de Bordeaux , ils mirent dans la Dédicace de cette Thefe un ample étalage de toutes les Dignitez dont étoit revêtu leur Mecenas ; ils la diftribuerent dans toute la Ville, ils y inviterent les Chapitres, les Curez, & une infinité d'autres perfonnes ; on voit au bas de cette Thefe qu'elle a efté foutenue : *Sub moderamine R. P. Petri Fayard facræ Theologiæ Lectoris*, ce qui prouve bien formellement qu'ils font dans le cas des Profeffeurs & Lecteurs dont il eft parlé dans l'article 70. de l'Ordonnance de Blois ; enfin jamais il n'y eût dans les Univerfitez Thefe foutenuë avec plus de pompe, de publicité, & de folemnité ; elle a efté imprimée, & difputée avec multitude d'Auditeurs fans aucune aprobation ni examen préalable de l'Univerfité.

Ces Religieux firent plus ; encouragez par l'Arreft du Parlement de Bordeaux , ils prétendirent que le Corps des Curez de la Ville qu'ils avoient invité à cet Acte ne pouvoit être compellé qu'après eux. Quelques remontrances qu'on leur fit, jamais ils n'en voulurent démordre. C'eft un fait certain dont ils ne difconviendront point.

C'eft, on l'avoüera, pouffer la vanité & la préfomption jufqu'à fon dernier période. Auroit-on jamais pû imaginer que les Religieux euffent prétendu une fuperiorité & preféance fur les 70. Difciples de J. C, fur les Prélats du fecond Ordre fur le Corps des Curez, qui font d'Inftitution Divine.

On ne finiroit point fi l'on parcouroit la foule des inconveniens qui font déja arrivez, & qu'on verroit renaître chaque jour fi l'Arreft du Parlement de Bordeaux venoit à être autorifé.

Rien de plus ordinaire que de voir des demandes en caffation formées contre des Arrefts de Cours Superieures ; mais les moyens fur lefquels celle des Suplians eft apuyée furprendront toujours ; & c'eft fans doute la premiere fois qu'on aura vû un Arreft enlever à un Corps célèbre fa

partie

partie la plus effentielle & neceffaire, renverfer abfolument les Loix pref-
crites par les Ordonnances d'Orleans, & de Blois, par celles de Loüis XIII.
par les Edits, Déclarations, & Arrefts du Confeil, par les Arrefts des
Parlemens, par la Jurifprudence inconteftable du Royaume, par le bon ordre & le bien Public ; auffi les Suplians déclarent-ils s'en tenir à ces
moyens generaux qui annullent de droit l'Arreft dont ils fe plaignent, ils
n'entreront point dans l'examen de tous les deffauts de forme qui fe trouvent dans cet Arreft ; ils fe contenteront d'en relever un qui finira de démontrer toute la précipitation du Parlement dans cette occafion. On n'a
jamais douté qu'une Univerfité n'eut le droit d'examiner les Thefes qui fe
foutiennent dans les Colleges Academiques de la Ville où elle eft établie, celle de Bordeaux fe trouvera cependant privée de ce droit, puif-
que le Decret dont on lui a refufé l'homologation étoit également pour
les Colleges Academiques qui font à Bordeaux, comme pour les Religieux qui veulent faire des exercices publics; ce feul moyen fuffiroit pour
faire renverfer cet Arreft.

A ces causes, SIRE, plaife A VOTRE MAJESTE' donner
Acte aux Suplians, de ce que pour réponfes à la Requefte des Religieux
Benedictins, Jacobins, Grands Carmes, de la Mercy, Cordeliers, Reco-
lets, Capucins, Minimes, & Carmes Déchauffez de la Ville de Bordeaux,
fignifiée le 24 Decembre 1726. ils employent le contenu en la prefente
Requefte, & aux pieces qu'ils y joindront, faifant droit fur l'Inftance de
Requeftes refpectives, fans avoir égard à ladite Requefte de ces Ordres
Religieux, ni à l'Arreft rendu par le Parlement de Bordeaux le 23 May
1726. qui fera caffé & annullé avec tout ce qui s'en eft enfuivi ; ordonner que l'Arreft du Confeil rendu en faveur de l'Univerfité de Poitiers le
31 Janvier 1721. fera declaré commun avec les Suplians, en confequence
que les Ordonnances, Arrefts, & Reglemens, concernant les Univerfitez feront executez felon leur forme & teneur ; ce faifant maintenir &
garder les Suplians dans le Droit d'avoir la Prefidence, la direction, &
la moderation, de toutes les Thefes foutenuës publiquement dans la Ville
de Bordeaux, foit dans les Colleges Academiques, foit dans les Monaf-
téres & autres lieux ; ordonner en outre, conformément audit Arreft du
Confeil, que lors que les ordres Religieux voudront faire foutenir des Thefes dans leurs Eglifes ou autres lieux en Affemblée & concours d'Auditeurs, ils feront tenus de les prefenter préalablement au Syndic de la Faculté dont elles dépendront pour être aprouvées, & de recevoir du
Recteur de l'Univerfité le jour & l'heure de l'Acte, duquel elle aura la
Prefidence, direction & moderation ; fauf aufdits Religieux de s'en dif-
penfer feulement lors que dans l'interieur, ils feront tels exercices qu'ils
jugeront convenables à l'inftruction de leur Religieux; confirmer les Décrets des Suplians des 10 May & 7 Septembre 1721. qui ont efté copiez mot pour mot fur la difpofition dudit Arreft du Confeil du 31 Janvier 1721. condamner lefdites Communautez Religieufes aux dépens ;
les Suplians continuëront leurs vœux & prieres pour la fanté & profpe-
rité de VOSTRE MAJESTE'.

Monfieur MABOUL, Raporteur.

Me MOLAGNE, Avocat.

De l'Imprimerie de JACQUES CHARDON, ruë S. Severin, du côté de la ruë de la Harpe,
à la Croix d'or 1727.

* 9 7 8 2 0 1 3 4 7 4 1 5 3 *